세 살, 이제 막 시작하는 육아

'굿모닝 굿나잇'은 21세기 지식의 새로운 표준을 제시합니다.
이 시리즈는 (재)3·1문화재단과 김영사가 함께 발간합니다.

세 살, 이제 막 시작하는 육아

1판 1쇄 발행 2022. 4. 11.
1판 3쇄 발행 2023. 8. 28.

지은이 서천석

발행인 고세규
편집 이혜민 | 디자인 정윤수 | 마케팅 고은미 | 홍보 이한솔
본문 일러스트 최혜진
발행처 김영사
등록 1979년 5월 17일(제406-2003-036호)
주소 경기도 파주시 문발로 197(문발동) 우편번호 10881
전화 마케팅부 031)955-3100, 편집부 031)955-3200 | 팩스 031)955-3111

ISBN 978-89-349-6154-3 04300
       978-89-349-8910-3 (세트)

홈페이지 www.gimmyoung.com   블로그 blog.naver.com/gybook
인스타그램 instagram.com/gimmyoung   이메일 bestbook@gimmyoung.com

좋은 독자가 좋은 책을 만듭니다.
김영사는 독자 여러분의 의견에 항상 귀 기울이고 있습니다.

이 책의 본문은 환경부 인증을 받은 재생지 그린LIGHT에 콩기름 잉크를 사용하여 제작되었습니다.

세 살,
이제 막
시작하는 육아

서천석 지음

PARENTING

삶의 기초를 만드는
부모의 말과 행동

김영사

3장 아이에게 필요한 단 한 가지, 놀이

4장 아이를 어떻게 도와야 할까?

세 돌, 이제 아이의 기본이 만들어졌다. 아이는 걸을 수 있고, 계단도 오를 수 있다. 부모의 말을 대부분 알아듣고 간단한 심부름도 한다. 제법 기특하다. 말도 늘었다. 두세 단어를 연결해 문장을 만든다. 매일매일 새로운 단어가 아이 입에서 나온다. 늘 부모를 찾던 시간은 지났다. 돌봐주는 사람이 잠시 곁을 떠나도 혼자 논다. 때로는 스스로 돌봐주는 사람의 눈을 일부러 벗어난다. 위험한 일을 저지를 수도 있기에 주의를 기울여야 한다.

두 돌이 지나면서 쓰기 시작한 "아니야"란 말은 이제 너무 자주 해서 부모를 힘들게 한다. 떼도 늘고 고집도 세진다. 이 조그만 녀석을 이제 자기만의 생각과 감정을 지닌 존재로 봐줘야 한다. 그럼에도 아이는 자신이 무엇을 할 수 있고, 무엇은 할 수 없는지, 자신의 과거는 어떠했고, 미래는 어떻게 될지 생각하지 못한다. 아이에겐 아직 논리가 없다. 욕구가 우선이다. 하지만 하루하루가 다르다. 아이의 두뇌는 빠르게 자란다. 부모의 기대보다는 못하지만, 지난달의 아이로 지금의 아이를 설명할 수 없다. 한 달이 지나면 지금의 아이도 지나간 이야기가 되고 만다.

이 책은 세 돌에서 다섯 돌까지 아이를 키우는 이야기를 담고 있다. 특별히 이 시기를 다루는 이유는 세 돌 전이나 학교에 다니는 아이에 대한 이야기는 이미 많기 때문이다. 부모들은 아이가 세 돌이 되기 전에는 육아서를 많이 참고한다. 요즘은 책보다 인터넷 정보를 먼저 보지만 말도 안 통하는 조그만 생명체를 도저히 이해할 수 없기에 뭐라도 찾아보지 않을 수 없다. 아이가 열날 때도 보고, 손가락을 계속 빨아도 되나 걱정이 들 때도 보고, 이유식을 거부해도 본다. 아이가 우는데 이유를 알 수 없으면 육아서를 열어본다.

하지만 세 돌쯤 되면 달라진다. 아이는 제법 말도 알아듣고 부모가 물으면 곧잘 대답도 한다. 이제 부모는 한숨 돌린다. 말이 통한다 싶으니 굳이 책까지 찾아보진 않는다. 아주 막막한 시간은 지나간 데다 부모로서 초보 딱지는 떼었으니까. 그러다 보니 이 무렵의 아이에 대해 다룬 책은 거의 없다. 조금 시간이 지나 아이가 학교에 들어갈 때쯤 되면 어떻게 공부시켜야 하나 걱정되어 다시 책을 찾아보지만 세 돌부터 다섯 돌까지 부모는 육아서에서 멀어진다.

그렇다고 이 시기가 마냥 평화로운 시간은 아니다. 앞서 말했지만 아이는 이제 자신의 주장을 뚜렷하게 드러낸다. 하고 싶은 것은 행동으로 옮길 수 있다. 부모의 눈을 피하기도 하고, 고집을 부리며 부모와 맞서기도 한다. 제대로 사고를 칠 수도 있다. 그렇다고 설득이 잘되는 것은 아니다. 아이에겐 아직 논리가 없고, 다른 사람의 입장에서 생각할 능력도 없다. 본능과 욕망에 의해 움직인다. 사랑과 안전이 절실하고, 두려움을 느끼면 피하지만, 길게 생각하지 못한다. 아직은 한 치 앞을 내다보지 못한다.

부모는 혼란스럽다. 애는 내 말을 알아듣는 걸까, 못 알아듣는 걸까? 얼핏 보면 똑똑한 것 같은데 왜 이렇게 황당한 일을 저지를까? 무섭게 얘기하면 될까? 그러다 상처를 주지 않을까? 다행스럽게도 부모가 본능적으로 아이를 대해도 별다른 문제는 생기지 않는다. 부모가 양육에서 조금 실수

하고, 잘못을 저지른다고 해도 아이는 소화한다. 부모의 부정적인 행동보다 사랑을 본다. 크게 나쁘지만 않다면 아이는 그럭저럭 자란다. 마음에 일부 상처는 남겠지만 아무런 상처도 없이 자라는 아이란 흔치 않은 법이다.

하지만 어떤 아이에게는 이 시기가 쉽지 않다. 아이의 특성 때문일 수도 있고, 부모가 겪는 어려움 때문일 수도 있다. 이 경우 문제가 불거진다. 그리고 잘 해결하지 못하면 문제는 눈덩이처럼 커진다. 이 책을 쓴 첫 번째 이유다. 인생의 어느 시기도 덜 중요한 때는 없다. 이 시기를 보내는 아이들의 부모도 아이를 제대로 이해하고, 제대로 도와야 한다. 그런데 어떻게 하면 좋을지 참고할 책이 없다. 지금도 어디선가 답답해하는 부모가 있지 않을까 하는 마음에 이 책을 썼다.

그뿐만 아니다. 이 시기는 아이에게 자기 주도성이 생겨나는 시간이다. 요즘 부모들에게 화두가 되는 자기 주도 학습을 포함해 스스로 목표를 세워 자기 삶을 이끌어가는 자기 주도적 태도의 기초가 형성되는 시기다. 이 시간을 잘 보낸 아이는 자신 있게 자기 삶을 이끌어가는 태도가 형성되는 반면, 이 시기에 실패를 거듭하면 아이는 자기주장을 하지 못하고 자신의 목표를 세워야 할 때 그래도 되나 하는 죄책감을 느낀다. 자기 스스로를 믿을지 아니면 믿지 못하고 늘 주춤댈지가 달려 있으니 중요한 시간이 아닐 수 없다.

물론 이 시간을 제대로 보내지 못했다고 영원히 자기 주도적 태도가 부족한 사람으로 살아야만 하는 것은 아니다. 인간은 성장과 발달 과정에서 놓친 것을 뒤늦게라도 보상할 수 있다. 하지만 그 경우라도 자기 주도성이 어떤 과정을 통해 단단해지거나 흔들리게 되는지 알아야 아이를 제대로 도울 수 있다.

아이 키우는 것은 고되고 외로운 일이다. 더없이 행복한 순간도 있지만 어서 시간이 지나가길 바라는 순간도 많다. 막막함에 시달리는 부모의 한숨 소리를 나는 매일 듣는다. 이 책이 부모들에게 부담을 지우는 것이 아니라 조금이라도 부담을 덜어 아이와의 행복에 좀 더 집중하도록 도울 수 있길 바란다. 단 몇 명이라도 이 책에서 도움을 받아 아이를 제대로 사랑할 수 있게 된다면 나로서는 더 바랄 것이 없다.

세 살은 인생에서
어떤 시기일까?

지루하지만 중요한 이야기부터 해야겠다. 세 돌을 맞은 아이는 어느 정도의 발달 수준에 이를까? 인터넷만 검색해도 쉽게 찾을 수 있는 정보지만 가볍게 생각해선 안 된다. 어린 시절에 발달보다 중요한 것은 없다. 정서적인 문제는 해결할 수 있다. 행동 문제도 교정하고 극복할 수 있다. 반면 발달이 느린 경우 발견이 늦으면 따라잡기 어려운 예가 많다.

물론 발달은 개인차가 크다. 어떤 아이는 빨리 자라고, 어떤 아이는 느리게 자란다. 한 아이를 두고 봐도 특정 영역은 빨리 발달하지만 다른 영역은 늦게 발달하는 경우도 흔하다. 발달이 빠르다면 별걱정 없겠지만 느리다면 눈여겨봐야 한다. 만약 느린 정도가 심하거나(통상 1년 정도 느리면 심하다고 본다), 발달 지연으로 아이가 생활에서 스트레스를 많이 받는다면 빨간불이 켜진 것이다. 전문가를 만나 그대로 두고 봐도 괜찮은지 확인할 필요가 있다. "괜찮아, 아이 아빠도 어릴 때 늦되었는데 지금은 멀쩡하잖아." 이런 말에 안심해선 곤란하다.

물론 발달이 늦다고 다 문제가 생기는 것은 아니다. 뒤늦게 극복하고 따라잡기에 성공하는 경우도 있다. 하지만 그렇지 못한 경우가 더 많다. 눈에 띄는 큰 문제는 아니더라도 두고두고 작은 문제를 남기기도 한다. 예를 들어 언어 발달이 늦었던 아이가 뒤늦게 말문이 트인 경우 일상생활에는 지장이 없지만 조리 있게 말하는 것은 힘들어할 수 있다. 단어를 풍부하게 사용하지 못하고 단조로운 말만 하는 사람으로 클 수 있다. 이 경우 언어적 자신감이 부족해 직업 선택을 비롯한 삶의 여러 부분에 제약을 받을 수 있다.

발달 문제는 무작정 기다린다고 능사는 아니다. 호들갑 떨 일은 아니지만 도와줄 부분은 빨리 발견해서 도와야 한다. 그래야 아이에게 문제가 남을 확률을 최소화할 수 있다. 발달이 늦은 것도 문제지만 제대로 도와야 할 때 돕지 못하는 것이 더 큰 문제다.

1
신체 및 운동 발달

2017년 대한소아과학회에서 발표한 소아청소년 성장도표를 보자. 만 3세, 즉 36개월 아이를 키 순서대로 세우면 딱 가운데에 해당하는 아이의 키가 남자아이는 96.5센티미터, 여자아이는 95.4센티미터다. 체중은 남자아이는 14.7킬로그램, 여자아이는 14.2킬로그램이다. 만 5세 아이는 남자아이가 109.6센티미터, 여자아이가 108.4센티미터다. 체중은 각각 19.0킬로그램, 18.4킬로그램이다. 이 무렵의 아이들은 1년에 6~7센티미터 정도씩 자라고 체중은 2킬로그램 남짓 늘어난다. 여전히 쑥쑥 자라지만 생후 3년간 보여준 폭풍 성장의 시기는 지나간 셈이다.

신체적 특징을 보면 그 전까지 다소 둥글둥글한 느낌을

주던 아이들이 조금씩 길쭉해진다. 머리는 크고 몸통은 두꺼우며 팔다리는 짧아 인형 체형 같던 아이들이 제법 어린이의 외모를 갖추어간다. 그에 따라 몸의 움직임도 안정적이고 균형 감각도 좋아진다. 세 돌쯤 되면 잠시 한 발로 설 수 있다. 한 발로 설 수 있기에 혼자 계단을 오르내릴 수 있다. 두 발로 점프를 할 수도 있다. 제자리에서만 뛰는 것이 아니라 멀리 뛸 수도 있다. 걷거나 뛰는 속도를 스스로 조절할 수 있다. 코어 근육은 단단해지고 팔다리 근육은 각각 다른 정도로 힘을 주거나 뺄 수 있게 된다.

만약 세 돌을 넘긴 아이가 뛰지 못하거나 제자리에서 점프할 수 없다면, 더군다나 계단을 오르내릴 때 꼭 손을 잡아줘야 한다면 운동 발달이 늦어지고 있다는 의미다. 그런 만큼 조금 더 신경 쓰고 계속 관찰해야 한다. 네 돌이 되었다면 한 발로 서서 10초 가까이 버틸 수 있다. 다섯 돌 아이는 한 발만 디딘 채 점프할 수 있다. 균형 잡는 능력이 좋아져서인데 운동 발달이 제대로 이루어지고 있다는 중요한 증거다. 네 돌에 세발자전거를 타기 어려워하거나 큰 공을 던지고 받는 동작이 전혀 안 된다면, 다섯 돌이 되어도 걷거나 뛰는 동작이 어색하고 뒤뚱거린다면 이때는 아이의 운동 발달에 문제가 없는지 전문가를 찾아 확인해야 한다.

　운동 발달이 제대로 이루어지고 있지 않다면 아이는 바깥 활동을 싫어하고 친구들과 어울리는 것을 피한다. 활동에 부담을 느끼기 때문이다. 이 때문에 운동 발달의 문제가 사회성 발달의 문제로 확대된다. 이런 아이 중에는 감각이 지나치게 예민한 경우도 자주 볼 수 있다. 입의 감각에 예민해 새로운 음식 먹는 것을 꺼린다거나 청소기나 지하철 등의 시끄러운 소리를 견디지 못한다. 몸에 끼는 옷은 거부하고 옷의 태그를 떼줘야 입을 수 있다. 뇌는 온몸의 감각기관에서 보내는 각종 감각 자극을 받아들이면서 조절하고 통합하는 과정을 거친다. 통합 과정이 원활히 이뤄지지 않으면 어떤 감각은 예민하고 어떤 감각은 느끼지 못한다. 이런 아이들은 생활할 때 많은 불편을 겪는다. 평범한 수준의 감각도 강하게 느끼니 일상이 지뢰밭이다. 괴로울 일도, 피해야 할 것도 많다.

　감각 통합이 어려우면 운동 조절에도 어려움을 겪는다. 몸의 중심을 잡고 균형을 맞추기가 어렵고 어떤 동작이든 정확하고 안정적으로 해내기 어렵다. 아예 못 움직이는 것은 아닌데 조금씩 어설프다. 그러다 보니 움직이지 않으려 한다. 덜 움직이니 근력도 붙지 않고 자신감은 떨어진다. 움직여야 할 때면 매사 조심스러울 수밖에 없으니 불안도가 높아지고 소극적으로 변한다. 이 경우 소아재활의학과 의사 등 감각 통합 문제를 다루는 전문가를 만나볼 필요가 있다.

대근육, 소근육의 발달도 중요하지만 이 시기에 가장 중요한 신체적 성취는 대소변 가리기를 안정적으로 해내는 것이다. 생후 30개월 이전에 대변을 가리는 아이는 드물지만 소변을 가리는 아이는 가끔 있다. 그래도 대부분의 아이는 세 돌이 될 때까지 기저귀와 이별하기가 쉽지 않다. 세 돌이 지나고 네 돌을 넘기며 아이들은 하나둘 기저귀를 벗고 팬티를 입는다. 물론 다섯 돌이 될 때까지는 대소변 가리기가 완전히 안정되지 않아도 괜찮다. 절대 늦은 것이 아니다. 잘 가렸다가도 다시 못 가리기도 하고, 낮에는 잘하지만 밤에는 가끔 실수하는 경우도 있다. 그래도 다섯 돌이 될 무렵이면 대부분 안정적으로 대소변을 가릴 수 있다. 배설을 조절하는 신경과 근육을 자신의 통제에 두는 셈이다.

기저귀를 차야 하는 상태와 기저귀 없이도 생활할 수 있는 상태에는 큰 차이가 있다. 아이는 조금 더 독립적으로 생활할 수 있다. 가장 기본적인 것도 통제할 수 없어 어른에게 기대야 하는 시절은 끝난 셈이다. 어른이 덜 돌봐도 괜찮고 기관 생활에서 느끼는 부담도 줄어든다. 보육이 아닌 교육으로 넘어갈 수 있는 준비가 하나 더 이뤄진 셈이다. 대소변 가리기의 성공은 단지 발달의 척도만은 아니다. 자기 몸을 조절할 수 있다는 믿음은 아이에게 자기 감각, 자기 생각, 자기 의지에 대한 믿음을 준다. 독립된 인격으로 가는 중요한 전기가 된다. 만약 다섯 돌이 지나도 여전히 대소변 가리기에 어려움이 있다면 전문의를 만나보는 것이 좋다.

어른은 이해하지 못하지만 아이에게 대변보기란 결코 쉬운 일이 아니다. 어른이 사용하는 좌변기는 아이가 앉기에는 높고 구멍이 크다. 아이는 양손으로 좌변기를 잡고 앉아 있어야 하는데, 등 근육이 약하다 보니 힘을 줄 때 상체를 세운 채 버티기가 어렵다. 상체가 뒤로 넘어갈 수 있고, 그러면 균형이 무너지는 느낌이 들어 아이는 겁먹는다. 이때 부모가 앞에서 붙잡아준다면 괜찮겠지만 혼자 있다가 당황하면 아이는 대변보기에 두려움을 느낄 수 있다. 그날 이후 좌변기 사용을 거부하고 선 채로 기저귀에 대변을 보려 한다.

겁먹거나 놀랄 정도는 아니지만 앉은 자세로는 아랫배에 충분히 힘을 주지 못하는 아이도 있다. 이런 상태에서 부모가 좌변기 사용을 강요하면 아이는 대변보기에 대한 두려움을 갖는다. 대변을 보지 않으려고 참는데, 그러다 보면 변비가 생긴다. 변비가 생기면 대변을 볼 때마다 항문에 통증을 느끼고 결국 대변보는 것을 더욱 싫어하게 된다. 대변을 보지 않기 위해 밥 먹는 것도 피하려 들고 그러다 보니 변비는 더 심해진다. 이런 악순환에 빠진 아이를 드물지 않게 만난다. 대변 가리기는 무리하게 진행할 일이 아니다. 아이가 준비되어 있는지 확인해야 하고, 아이의 발이 닿는 좌변기를 사용하는 편이 좋다. 처음에는 부모가 용변 시 곁에 있으면서 아이를 격려해야 한다. 못한다고 야단치지 말고 대단한 도전을 하는 것이라며 응원해줘야 한다. 만약 이 과정이 제대로 되지 않아 변비가 생겼다면 그때는 의사의 도움을 받아 변비부터 해결해야 한다. 그러고 나서 시간을 두고 천천히 대변 가리기를 다시 시도해야 한다.

2
언어 발달

모든 아이가 그렇지는 않지만 세 돌이 지나면 부모는 '아이고 참, 잠시도 입을 다물지 않네' 하는 생각을 한다. 밖에서는 한마디도 하지 않는 아이라도 집에서는 끊임없이 이야기하려 한다. 말이 되든, 되지 않든 부모에게 말을 건다. 물어보고, 참견하고, 듣든 안 듣든 조잘댄다. 가끔은 아이의 질문이 정말 궁금해서 묻는 것인지 헷갈릴 때도 있다. 아이가 물어와 어떻게 답할까 고민해서 말해주면 정작 아이는 관심도 없다. 실제로 아이들은 대답에 대한 기대 없이 묻기도 한다. 그저 곁에 있는 부모와 자신이 연결되어 있다는 느낌을 얻기 위해 질문을 던지기도 한다.

사실 아이는 새로 배운 기술을 열심히 연습하는 중이다.

아이에게 언어를 사용한다는 것은 세상을 새롭게 경험하는 일이다. 그 전까지 감각으로만 기억하던 사람과 사물을 이름으로 기억하면서 아이의 사고력은 급격히 팽창한다. 과거의 기억을 끌어오기 쉬워지고, 떠오르는 기억을 상대에게 전할 수 있다. 상대가 기억에 반응해주면 아이의 경험은 더욱 풍부해진다. 아이는 궁금한 것을 물어볼 수 있고, 원하는 것을 효과적으로 요구할 수 있다. 아이의 두뇌에 경험이 쌓이는 속도, 세상을 학습하는 속도가 급격히 빨라진다.

사물의 성질을 드러내는 말과 움직임을 표현하는 말을 알게 되면서 상상하는 능력도 발전한다. 아이는 모방하는 놀이를 통해 누군가의 행동을 흉내 내곤 하는데, 이제는 상대의 말도 따라 한다. 그러면서 상대의 생각을 상상할 수 있다. 자신이 경험하지 않은 것이라 하더라도 언어를 통해 사물의 모습과 움직임을 상상할 수 있다. 세계는 아이의 머릿속에서 언어로 재구성된다. 언어로 표현되지 못하는 것은 힘을 잃고 희미해진다.

언어능력의 발달은 아이가 부모에게서 한발 더 떨어져 자신의 세계를 탐색하는 데도 도움을 준다. 직장에서 돌아온 엄마에게 아이가 묻는다. "엄마, 회사에서 내 생각 했어?"

엄마는 말한다. "그럼 계속 보고 싶었어. 그래서 네 사진 자꾸 들여다봤는걸." 엄마의 따뜻한 말에 아이는 '바로 곁에 없어도 엄마는 나를 사랑하고 나한테 언제나 돌아올 거야' 하고 안심한다. 엄마는 아이에게 오늘 어린이집에서 뭘 했는지 물어본다. 이야기를 나누며 아이는 자신의 세계에 엄마를 참여시킨다. 다음 날 어린이집에서 엄마가 곁에 없어도 아이는 엄마와 이야기 나눌 경험을 만들어간다.

만약 아이가 세 돌이 되어도 겨우 수십 개 단어만 사용한다면 반드시 전문가를 만나야 한다. 평균적으로 두 돌이면 200여 개의 단어를 사용할 수 있고, 두 개의 단어를 이어 간단한 문장도 만들 수 있다. 아이가 세 돌에도 두 단어를 이어 문장을 만들지 못한다면, 예를 들어 '물 주세요' 같은 문장을 사용하지 못하고 그저 '물' '주세요'처럼 따로 단어로만 말하는 식이라면 언어 발달이 12개월 이상 늦어지고 있는 것이다. 언어 발달이 12개월 이상 늦다면 전문가를 찾아가야 한다.

아이가 눈 맞춤을 제대로 하지 못하거나 주고받고 놀이하는 것이 안 되고 혼자서만 놀려고 한다면 조금 더 심각한 징후로 자폐스펙트럼장애는 아닌지 확인해야 한다. 언어만 늦은 것이 아니라 상호작용에도 문제가 있을 수 있다. 여러 문장을 사용하지만 어디서 들은 것이나 노랫말을 반복할 뿐 물어보는 말에는 제대로 답하지 못하는 경우가 있다. 말을 반복하는 놀이를 할 뿐 말을 통해 상호작용 하지는 못하는 경우다. 이 역시 자폐스펙트럼장애를 의심해야 한다.

아이가 말이 늦은 이유는 자폐스펙트럼장애일 수도 있고, 전반적인 인지 발달이 늦은 것일 수도 있고, 다른 발달은 괜찮은데 언어 발달만 늦어지는 것일 수도 있다. 정확한 원인을 파악해 아이를 도와줘야 하므로 전문가가 아이 상태를 보고 판단해야 한다. 괜찮아지겠지 하며 함부로 안심하면 곤란하다. 나중에는 돌이키려야 돌이킬 수 없는 문제를 만들 수 있다. 저절로 좋아지는 아이가 없는 것은 아니다. 다만 그런 아이는 소수다. 문제가 남는 아이가 다수다. 12개월 이상 늦다면 전문가를 만나야 한다. 안심하더라도 전문가를 만나본 후 안심하는 편이 좋다.

만약 언어 발달이 12개월 이상 늦은 것은 아니지만 다소 늦고 부모와의 교감은 잘 이뤄진다면 부모가 좀 더 적극적으로 아이와 언어활동을 해야 한다. 요즘은 맞벌이가 많아 집에서 조부모나 도우미가 아이를 돌보는 경우가 많다. 이

때 돌보는 분이 말수가 적으면 아이에게 언어 자극이 지나치게 적을 수 있다. 굳이 표현하지 않아도 양육자가 아이에게 필요한 것을 알아서 해주는 경우 아이가 언어를 사용할 필요성을 덜 느낄 수 있다. 아이가 말을 해도 관심을 기울이지 않거나 심지어 아이가 혼잣말하거나 질문하는데 시끄럽다고 제지해도 아이의 언어 발달은 늦어진다.

언어 발달을 촉진하는 방법은 간단하다. 아이의 말을 즐겁게 들어주는 것이다. 주의를 기울여 들어주고, 제대로 말하지 않아도 애써 교정하지 않는다. 아이는 말을 하며 스스로 교정해나갈 수 있다. 교정한다는 이유로 말을 끊으면 아이는 자신감을 잃는다. 부모는 그저 아이의 말에 뚜렷하게 반응을 보이면 된다. 유아에 대한 반응은 크고 분명할수록 좋다. 아이의 말을 교정하려 들지 말고 부모가 정확한 말을 자주 해주면 된다. 좀 더 분명한 목소리로, 조금은 천천히, 아이와 눈을 맞추며 자주 이야기를 나누어야 한다. 말을 나누는 시간이 길수록 아이의 언어가 발달하고 아이와 부모의 관계가 가까워진다.

아이에게 말하는 것뿐만 아니라 가족 전체의 언어활동이 늘어나면 더욱 효과적이다. 집에서 지낼 땐 말이 늘지 않던 아이가 어린이집에 다니면서 폭발적으로 언어가 느는 경우를 종종 본다. 선생님과 다른 아이들이 하는 말을 많이 들을 수 있어서다. 남이 하는 말을 많이 듣는 것도 언어 발달에 중요한 영향을 준다. 단, TV 등 미디어를 통해 듣는 것은 효과가 없다. 미디어에서 말할 때는 아이가 입 모양을 보지 못한다. 예를 들어 만화영화를 보면 대사가 나오더라도 정확한 입 모양이 표현되지는 않는다. 그저 벌어졌다 닫혔다 할 뿐이다. 부모들의 생각과 달리 아이들은 상대의 입 모양을 열심히 관찰하며 모방해 말을 배운다. 그러니 조금 시끄럽고 말이 많은 가정 분위기를 만들어야 한다.

한 가지 더. 노는 모습을 지켜보면서 아이의 놀이를 읽어주면 언어 발달에 큰 도움이 된다. 마치 스포츠 중계를 하는 아나운서처럼 아이의 놀이를 말로 표현해준다. "와, 자동차가 앞으로 가고 있네. 빨간 자동차가 쌩하고 가고 있어요. 저기 앞의 곰돌이에게 가고 있나 봐요. 어, 가다가 오른쪽으로 돌아가네. 거기에는 뭐가 있을까?" 아이는 부모의 말을 들으며 자신의 행위나 자신이 만지는 사물과 언어를 자연스럽게 연결하게 된다. 놀이가 아니어도 아이가 동작을 취하면 그것을 언어로 읽어주면 좋다. "옷 입는 거야? 와, 손부터 끼었네. 오른손, 쑥 나왔고. 자, 어디 보자. 머리가 나왔네. 머리카락, 눈, 입까지. 와, 엄마에게 웃어주네. 아유 예뻐라. 이제 왼팔 낄 거야?" 실시간으로 자신의 동작이 언어로 표현되는 과정을 통해 아이의 머리에 언어가 자리 잡는다.

3
인지와 사고의 발달

만 3세가 되면 아이는 상징을 이해할 수 있다. '사과'라는 소리가 자신이 좋아하는 붉고, 동그랗고, 새콤달콤한 과일을 뜻하는 말이라는 것을 안다. 그 과일을 말하고 싶을 때 '사과'라는 단어를 사용하고, 비슷하게 생긴 플라스틱 장난감을 보며 '사과'라고 하고는 칼로 자르는 시늉을 한다. 장난감 자동차를 손에 쥐고 움직이며 부웅 하고 '자동차'가 간다고 말하고, 강아지 흉내를 내며 자신이 '강아지'라고 말하기도 한다. 모두 상징을 사용할 수 있어 가능한 일이다. 이제 아이는 가상 놀이를 할 수 있을 뿐 아니라 눈앞에 실제 물건을 늘어놓지 않아도 머릿속에서 이야기를 만들고 '생각'을 할 수 있다. 욕구와 감각, 감정과 동작을 넘어 사고가 가능해진 셈이다. 직접 해보고 안 된다는 것을 경험하지 않아도 머리로 예측해 가능성을 따져볼 수 있다.

물론 이런 사고 기능은 여전히 온전하지 않다. 부모들이 혼란스러워하는 이유가 여기에 있다. 부모는 아이가 생각할 수 있게 되면 마치 어른처럼 대한다. 논리적 사고가 가능하다고 여겨 왜 그런 간단한 것도 생각하지 못하냐며 야단친다. 아이가 속으로는 다 알면서 일부러 안 움직인다 여기기도 한다.

사실 이 무렵의 아이들은 부모가 하는 말을 거의 이해하지 못한다. 구체적인 표현이나 지시만 받아들일 뿐 길게 이유를 설명하면 내용보다는 분위기를 느낄 뿐이다. 부모가 잘못을 꾸짖어도 왜 잘못이라고 하는지 모른다. 부모가 지금 뭔가를 싫어하거나 자신을 싫어한다고 받아들인다. 부모는 아이가 다 알면서 고집을 부린다고 생각하지만 아이는 부모가 한 말을 아주 조금만 이해한다. 마치 평범한 사람이 양자역학 전문가의 강의를 들을 때와 비슷하다.

그래서 전문가들은 늘 이야기한다. 아이에게 설명할 때는 짧고 단순하게 이야기하라고. 하지만 그것이 늘 쉬운 것은 아니다. 그래도 괜찮다. 아이는 다 알아듣지 못해도 부모의 의도를 받아들인다. 부모가 왜 그렇게 말하는지 몰라도 그 말을 들으려 한다. 부모가 자신을 보호해주는 사람이고, 부모에게 의지하니까.

부모에게 필요한 것은 고급 양육 기술이나 대화법이 아니다. 그저 아이를 오해하지만 않으면 된다. 아이는 부모를 일부러 힘들게 하는 것이 아니다. 아직 어른처럼 생각하지 못할 뿐이다. 아이 입장에서는 무엇이 되고 안 되는지 알 수 없고, 부모의 설명 역시 소화하기 어렵다. 그러다 보니 들어도 머리에서 금세 사라진다. 결국 부모는 귀찮고 힘들어도 아이에게 반복해서 이야기해야 한다. 이야기하고 또 이야기하고 꾸준히 이끌어줘야 한다. 길지 않고 짧게, 무섭지 않게. 아이는 조금씩 조금씩 부모의 말을 이해하고 받아들인다. 큰 목소리로 화내면서 말한다고 아이의 이해력이 좋아지지 않는다. 양자역학 전문가가 청중이 못 알아듣는다고 답답해하며 화를 내면 어떨까? 놀란 청중이 양자역학의 원리를 갑자기 깨닫게 될까? 그럴 리 없다. 같이 화를 내며 강의실에서 나가버릴 것이다.

세 돌이 지난 아이가 바라보는 세계는 현실과 상상이 섞여 있다. 실재하는 것과 자신의 상상이 만든 것을 구별하지 못한다. 자신의 머릿속에서 만든 일인데 그 일이 실제로 있었다고 믿어버리기도 한다. 그림책에서 본 상상의 이야기도 실제 벌어질 수 있다고 믿는다. 실제로 경험한 것, 이야기로 들은 것, 머릿속에서 상상한 것이 하나로 뒤섞여 진짜와 가짜를 쉽게 구별할 수 없다. 이 무렵의 아이에게 현실은 상상이 여기저기 뒤섞인 채 존재한다. 꿈의 세계와 현실 세계의 중간쯤 어디를 아이는 경험하고 있다.

선생님이 산타 복장을 하고 나타나면 유치원 아이들은 선생님이 산타 '흉내'를 낸다고 생각한다. 그런데 어린이집에 다니는 세 돌 무렵 아이라면 선생님이 '진짜' 산타가 되었나 생각하고 혼란스러워한다. 분장이나 복장이 사람을 변화시킬 수 있다고 생각한다. 그래서 어떤 아이는 부모가 작심하고 제대로 분장하면 울어버린다. 부모가 사라질 수 있다고 생각하기 때문이다. 이 나이 아이에게 실체는 아직 취약하게만 존재한다.

네 돌이 지나면 아이는 외양이 실체를 바꿀 수 없다는 정도는 알게 된다. 하지만 여전히 상상과 현실을 구별하는 데 어려움을 느낀다. 자신이 한 생각이 실제로 벌어질 수 있다

고 여긴다. 아빠에게 너무 화가 나서 "아빠 그러면 쥐가 잡
아가"라고 말하고는 다음 날 진짜 아빠가 자신 때문에 쥐에
게 잡혀가면 어떻게 하나 걱정한다. 자신의 생각이 현실에
서 벌어져 나쁜 일이 일어나 벌을 받게 되리라는 두려움을
갖는다. 이 무렵의 아이가 경험하는 세계는 마법의 세계다.
기질적으로 예민하고 불안이 많은 아이들은 이 무렵 다양
한 두려움에 시달린다. 말을 하면 그 일이 일어날까 봐 차마
부모에게도 이유를 말하지 못하는 경우도 있다.

　다섯 돌이 되어서야 아이는 자신의 생각과 외부의 현실이
이어지지 않는다는 것을 알게 된다. 마법의 세계에서 살던

아이는 이제 현실 법칙에 조금은 익숙해진다. 하지만 여전히 인과관계에는 익숙하지 않다. 어떤 결과가 나오기 위해서 타당한 이유가 있어야 한다고 생각하지 않는다. 그냥 원래 그렇게 될 일이라고 여기거나, 그렇게 되는 것이 좋으니 그리되었다고 생각한다. 이 무렵의 아이에게 이유는 중요하지 않다. 아직 원인과 결과를 연결해서 생각하지 못하기 때문이다.

논리적 사고는 다섯 돌이 지나고 여섯 살이 되어서야 급격히 발달한다. 아이는 원인과 결과를 잇고, 마치 탐정이라도 된 듯 증거를 요구한다. 부모에게 전에 말한 것과 다르다고 따져 묻고, 자신이 알고 있는 지식에 기반해 반론을 제시한다. 물론 아이의 반론은 때로 어처구니없는 것도 많지만 부모를 꽤나 애먹이기도 한다. 부모들은 이렇게 이야기하곤 한다. "애가 생각하는 게 나보다 낫다니까요. 찬찬히 따져보면 틀린 말이 없어요." 물론 이런 경우는 부모가 너그럽거나 아이가 무척 똑똑한 경우다. 보통은 아이의 논리에 구멍이 많아 좋은 유머 소재가 되곤 한다.

4
정서와 사회성 발달

세 돌만 되어도 아이는 제법 잘 놀 수 있다. 이미 다른 사람의 동작이나 표정을 모방할 수 있다. 소꿉장난 같은 가상 놀이를 할 수 있고 친구와 협력해 놀이를 만들 수 있다. 서로 번갈아 하는 것도 가능해져 게임도 할 수 있다. 또 슬픔과 기쁨, 분노와 행복 등 기본적인 감정을 표현할 수 있다. 부모에게 와서 안기고 뽀뽀해주며 애정을 표현할 수 있다. 아이가 방긋 웃기만 해도 예쁜데, 말과 몸짓으로 애정을 표현하니 사랑스럽지 않을 수 없다. 말썽을 부려 한없이 밉다가도 미움은 눈 녹듯 사라진다. 아이의 애정 표현은 부모에게만 향하지 않는다. 주변 사람에게도 조금씩 자신의 감정을 표현한다.

이쯤 되면 아이가 이제 다 자랐구나 싶지만 의외의 빈구석이 많다. 앞에서 설명했듯 세 돌이 지나도 아이는 현실과 상상을 잘 구별하지 못한다. 자신의 머릿속에서 일어나는 일이 현실에서 일어날 수 있다고 생각한다. 자신에게 마법과 같은 힘이 있다고 믿기도 한다. 어른들의 눈에 보이지 않는 것이 아이의 세계에선 실재한다. 그런 건 없다고 말해봐야 소용없다. 아이의 감각과 사고 안에선 분명 존재하는 것이니.

그뿐 아니다. 아이는 다른 사람이 자신과 다르게 생각하고 느낀다는 것을 알지 못한다. 상대 역시 자신과 똑같이 느끼고 생각할 것이라 믿는다. 그러다 보니 아이는 부모가 지금 이 순간 자신의 감정을 모를 리 없다고 생각한다. 알면서도 자기를 미워해서, 또는 힘들게 하려고 모르는 척하는 것이라 여긴다. 내가 이렇게 울고 있으면 내 마음을 다 알 텐데 왜 자꾸 나에게 우는 이유를 물어볼까? 아이는 정말로 이해할 수 없다. 아이가 부모는 내 생각을 모르고, 자신은 부모의 생각을 모른다는 것을 깨닫기 위해서는 상당한 시간이 필요하다.

어른 입장에선 지극히 당연한 것이 아이에겐 전혀 당연하지 않다. 다른 사람은 다르게 느끼고 생각한다는 것을 알기 위해선 몇 년의 시간이 더 필요하다. 나에게 소중한 것을 주는 것이 아니라, 상대가 받고 싶은 것을 주어야 한다는 것을 알 때쯤이면 아이는 초등학교에 가게 된다. 다른 사람과 함께 지내려면 내 마음대로 해서는 안 되고 규칙을 지켜야 하며, 규칙을 지키지 않으면 벌을 받을 수 있다는 것을 배운다. 그리고 자신이 세상의 중심이 아님을 깨닫는다. 자기를 중심으로 온 우주가 돌아간다고 믿던 시간을 지나 자기 역시 수많은 별 중 하나임을 받아들이고 나서야 아이는 보다 높은 수준의 사회적 기술을 배울 수 있다.

세 돌 무렵의 아이에게 부모들은 흔히 규칙을 가르친다. "이것은 옳고 이것은 잘못이야." "이렇게 해서는 안 돼." "그것은 안 좋은 일이야. 자꾸 그러면 혼낼 거야." 부모는 아이가 말귀를 제법 알아들으니 정확히 설명하고 상벌을 분명히 하면 올바른 쪽으로 이끌 수 있을 거라고 믿는다. 부모의 계산이 틀린 것은 아니다. 부모가 정확한 제한선을 설정하고 일관된 규칙에 따라 아이를 이끄는 것은 아이의 사회적 성숙에 중요하다.

하지만 그보다 더 중요한 것이 있다. 아이의 정서적 발달과 성숙이다. 아이가 자신의 감정을 정확히 이해하고 적절히 표현할 수 있도록 도와야 한다. 일부러 시간을 내서 규칙적으로 아이의 기분을 물어보고, 아이가 자기 감정을 표현하지 못하면 부모가 감정을 읽어줄 필요도 있다. "우리 딸 서운하구나. 갖고 싶은데 못 갖게 되어 서운한 마음이 드는구나. 자꾸 생각나고 기분도 별로고. 가질 수 있었으면 좋았을 텐데. 애고, 아쉽네."

여기서 멈추지 않고 다음 날 전날의 감정을 조금 더 이야기하면 좋다. 한 번 읽어주고 넘어가는 것으로는 부족하다. 감정을 대화의 주요 주제로 삼아야 아이가 자신의 감정을 깊이 이해할 수 있다. "어제저녁에 서운했는데 그런 마음은 이제 좀 사라졌어? 오늘은 기분이 좋아 보이는데? 서운한 마음이 시간 가니까 나아졌네." "그래. 다른 것 갖고 놀면 되고, 다음에 가질 수 있다고 생각한 거야? 대단한데. 마음을 바꿔서 서운한 마음이랑 헤어졌네. 그래서 오늘 재미있게 놀았구나."

감정을 표현하게 하고, 아이가 말로 표현하지 못하는 감정을 읽어주고, 드러내고 해소할 수 있는 안전하고 효과적인 방법을 같이 찾아보는 것. 아이가 감정을 성숙시켜나가도록 돕는 방법이다. 아이가 느끼는 감정에 대해 꾸준히 대화를 나누다 보면 자연스럽게 다른 사람의 감정에 대한 대화로 이어진다. 그 시작은 부모의 감정이다.

부모가 느끼는 감정에 대해 이야기하는 시간을 통해 아이는 그 감정을 간접적으로 경험하게 된다. 부모의 감정을 이해하다 보면 아이는 감정의 이유도 자연스럽게 받아들인다. 이 과정을 통해 아이는 부모의 가치관을 흡수한다. 이유도 모를 규칙을 강요받는 것이 아니다. 부모와 비슷하게 느끼다 보니 부모의 생각이 스며드는 것이다. 이 경우 훈육은 한결 쉬워진다. 부모와 정서적 교감을 많이 나눈 아이는 부모가 화를 내는 것이 아니라 걱정하고 있음을 알기 때문이다. 부모가 말하는 데는 이유가 있음을 아는 것이다.

사회적 규칙 역시 다른 사람은 나와 다르게 생각하고, 다르게 느낀다는 것을 알아야 받아들이기 쉽다. 서로 다른 사람들이 같이 지내려면 규칙이 필요하니까. 내 마음대로 하고 싶고, 규칙을 지키고 싶지 않을 때도 있지만 아이는 안다. 규칙이 자신을 힘들게 하려고 만들어진 것도 아니고, 자신에게만 억지로 강요되는 것도 아니라는 사실을. 자기 마음대로 하고 싶어도 상대가 느낄 감정을 떠올리면 마음대로 행동할 수 없다. 유치원에 있는 새 장난감을 혼자 갖고 놀고 싶지만 그러면 다른 아이가 속상할 것이다. 그러니 번 갈아 가지고 놀아야 한다. 이렇듯 공감 능력은 도덕성의 기초가 된다. 엄격한 규칙과 처벌보다 훨씬 효과적이다. 아이들의 정서 발달에 부모가 관심을 가져야 하는 중요한 이유가 여기에 있다.

세 돌에서 다섯 돌의 시간. 이 시간에 아이는 자신과 세계를 다시 경험한다. 세상이 자신을 중심으로 돌아간다고 믿고, 모든 일을 자신과 연결 지어 바라보던 아이는 이제 자신도 세상의 한 부분임을 느끼게 된다. 다른 사람, 심지어 자기를 돌보는 부모조차 자신과 다르게 느끼고, 다른 생각을 하고, 다른 것을 원한다는 사실을 깨닫게 된다. 상상과 현실이 혼란스럽게 공존하던 세상에서 상상은 점점 색이 옅어진다. 현실 부분만 남고 상상의 부분은 차츰 사라진다.

상상의 세계는 개인마다 다르다. 상상을 벗어나 현실 세계로 나와야 서로 같은 것을 보고 느낄 수 있다. 같은 경험에 기반해야 대화라는 것을 할 수 있다. 아이는 아직 설익었지만 현실의 원리에 따라 생각하려 하고 논리를 따진다. 이유를 설명해줘도 그저 분위기만 느끼던 아이가 이제 그래야 하는 이유가 뭐냐고 먼저 따져 묻는다. 세 돌이 지나면 몸이 자라는 속도는 더디지만 아이의 두뇌는 하루가 다르게 성장한다. 그렇게 조금씩 자라며 아이는 타인과 공존하며 살아갈 준비를 마친다.

아이를 키우는
마음가짐

1
아이 키우기 너무 힘들어요

부모들과 이야기하면 한결같이 하는 말이 있다. "아이 키우기 너무 힘들어요." 아이 키우기가 쉬웠던 시절이 있었겠느냐마는 요즘 부모들이 느끼는 부담감은 역사적으로 최고점이 아닌가 싶다. 불과 십 년 전만 해도 육아 강의에서 "부모님들, 아이 키우기가 행복하세요 아니면 부담스러우세요?" 하고 질문을 던지면 행복하다는 부모가 더 많았다. 육아에는 부담스러운 순간이 많지만 그래도 행복이 더 크다고 답했다. 하지만 몇 년 전부터 반응이 확 달라졌다. 놀랄 정도다. 같은 질문에 요즘 부모들은 절대다수가 부담스럽다고 답한다. 겨우겨우 버텨낸다며 행복은 너무나 배부른 소리라고 하소연한다.

육아가 왜 이렇게 힘든 일이 되고 말았을까? 무엇보다 육아 환경이 변했다. 빠른 속도로 맞벌이 가정이 표준적인 가족의 모습이 되었다. 아빠는 직장 생활을 하고 엄마는 가정에서 살림과 육아를 맡는 생활 방식은 점점 사라지고 있다. 그런데도 한국의 노동시간은 여전히 길다. 직장에서 돌아온 부모는 짧은 저녁 시간 내에 가사와 육아라는 만만치 않은 과제를 수행해내야 한다. 쉴 틈이 없다. 주말에도 평일에 못 챙긴 아이와의 임무를 수행하느라 바쁘다. 아이에게 도움이 되는 활동도 해야 하고 즐거운 경험도 쌓게 해줘야 한다. 좋은 부모가 되지 않으면 실패한 부모가 될 수 있다는 압박에 시달린다.

맞벌이를 하지 않는 부모 역시 부담을 느끼기는 마찬가지다. 바깥일을 하지 않으면 육아에서 더 큰 성과를 내야 한다. 육아는 하나의 프로젝트가 되었다. 부모들은 투자 대비 얼마나 좋은 성과를 냈는지로 자신을 평가한다. 평가 기준은 다른 아이와 비교할 때 자신의 아이가 거둔 성취도다. 아이와의 친밀감, 함께 나눈 행복한 시간, 내면의 충만한 느낌은 평가 지표가 아니다. 눈으로 확인 가능하고 비교할 수 있는 것만 지표가 될 수 있기 때문이다.

하지만 육아는 결국 사람과 사람의 관계다. 부모와 아이의 관계 맺음이다. 사람 사이의 관계는 효율성으로 따질 수 없고 결과로 평가할 수 없다. 관계 그 자체에 집중해야 만족을 얻을 수 있고 함께하는 시간 속에서 행복을 느껴야 한다. 연애할 때 이 관계에서 어떤 성과를 낼 것인가에 집중한다면 그것을 사랑이라 할 수 있을까? 효율적인 사랑, '가성비' 좋은 사랑이란 말이 성립될까? 육아도 마찬가지다. 아이와 내가 제대로 관계를 맺지 못한다면, 사랑과 행복을 느끼지 못한다면 육아는 허무한 결말로 치닫는다. 육아는 삶이다. 해치워야 하는 과제가 아니라 인생 그 자체다. 끝내버려야 할 부담스러운 일이 아니라 하루하루가 소중한 삶이다. 나이 들어 돌아보면 알 수 있다. 자신의 삶에서 가장 빛나는 순간은 결국 아이를 키우며 보낸 스무 해 남짓, 그 고생스러운 시간이다.

과거와 비교하면 아이에게 해줘야 하는 것이 많아진 건 분명하다. 1인당 국민소득이 1천 달러에 불과하고 사람에 대한 가치 평가가 낮던 시절엔 그저 먹이고 입히는 것만으로도 충분했다. 아프면 돌봐주고, 사람 도리는 하라고 가르치고, 여력이 닿으면 학교를 보내는 정도로 부모 역할을 다

했다. 우리나라의 교육열은 예전부터 대단했지만 1970년에 태어난 아이들은 불과 22퍼센트만이 대학에 갔다. 1988년 서울 올림픽 때만 해도 중학생 세 명 중 두 명만 고등학교에 진학했다. 나머지 아이들은 바로 취업했다. 전문적인 공부가 필요한 일에 종사하는 사람은 얼마 되지 않았다.

반면 지금은 1인당 국민소득이 4만 달러에 가까운 시대다. 최저임금은 약 1만 원이다. 산업은 점점 고도화되고 있다. 노동자에게 요구하는 교육 수준은 갈수록 높아진다. 아이들 열 명 중 일곱 명이 대학에 진학하고 있다. 공부에 재능 있는 아이가 아니어도 어릴 때는 공부를 놓을 수 없다. '공부 좀 못해도 사람 좋고 성실하면 다 먹고살 방법이 있다'며, 산 입에 거미줄 치지 않는다고 말하던 시대가 아니다. 공부를 못하면 성실하지 않은 아이가 되고, 배운 것이 없으면 취업하기 어렵다. 인공지능과 로봇 산업이 발전하면서 일자리가 줄어든다는 예측까지 나오다 보니 부모들은 불안하다. 아이들을 '경쟁력 있는 인적자원'으로 만들어야 제 밥그릇이라도 챙길 수 있다는 압박에 시달린다.

이런 불안과 부담에 짓눌린 부모에게 육아는 더는 행복한 일이 아니다. 그저 무거운 짐일 뿐. 무거운 짐을 지고 가는 부모를 보는 아이도 행복하기 어렵다. 당장은 자신에게 최선을 다하는 부모 덕분에 힘들지 않게 살지만, 미래를 생각하면 마음이 무겁다. 요즘 아이들은 어른이 되고 싶어 하지 않는다. 어른이 되어봐야 책임질 일만 많아지고 행복하기 어려우리라 생각한다. 자신을 키우려고 애쓰는 부모를 보며 고마움보다 삶의 무게와 막막함을 느낀다. 꿈과 희망은 아이들의 마음 사전에서도 사라지고 있다. 우리는 아이를 잘 키워보려다 육아에서 가장 중요한 것을 잃어버리고 있다.

이쯤 되면 부모들은 막막함을 느낄 것이다. 그러면 어떻게 해야 하나? 부담을 갖지 않을 수 없는데 어떻게 내려놓을 수 있을까? 불안을 느낄 이유가 분명한데 어떻게 편한 마음을 가질 수 있을까? 이것이 이 시대의 육아가 어렵고, 출산율이 갈수록 떨어지는 이유다. 여기에 뾰족한 해답은 없다. 해답이 있다면 문제가 해결되어갈 텐데 해답이 없기에 계속 상황은 나빠지고 있다.

이 책은 부모들을 위한 책이다. 거시적인 사회문제의 해결책을 찾는 책은 아니다. 시대가 주는 어려움은 뚜렷하지만 이런 힘든 상황에서 실제로 아이를 돌보는 부모들이 어떻게 하면 조금은 나아질 수 있을지 찾아보는 책이다. 따지고 보면 불안이 불가피한 상황은 우리 인생에서 특별한 것은 아니다. 인생의 어느 시기엔가 그런 원치 않는 상황을 견디고 살아냈을 것이며, 또 앞으로도 살아가야 한다. 그럴 때일수록 상황에 불만을 품기보다는 상황을 해결하는 데 집중해야 한다. 적진을 돌파하는 전사라면 눈앞의 적을 처리하는 데 집중해야지 자신이 왜 이 지경에 빠졌는지, 이 상황이 언제까지 지속될지 상념에 젖어선 곤란하다. 그렇다면 불안하지 않을 수 없는 조건에서 부모들은 불안을 어떻게 견디고 돌파할 수 있을까?

2
어떻게 불안을 넘어서야 할까?

현대 심리학은 불안을 늘 존재하는 조건으로 바라보자고 이야기한다. 마치 불교에서 인생을 고통의 바다, 고해苦海라고 이야기하는 것과 비슷하다. 타고난 기질에 따라, 놓인 상황에 따라 불안을 느끼는 정도는 다르겠지만 사람은 누구나 불안 속에서 살아간다. 인생은 수많은 우연 속에서 흘러가고 개인이 통제할 수 있는 것은 얼마 되지 않기 때문이다. 당장 내일 어떤 일이 벌어질지 모르고, 오늘 내 곁에 있는 것이 언제까지 존재할지 알기 어렵다.

아이의 미래도 그렇다. 아이가 어떻게 자랄지 알 수 없다. 사실 아이가 살아갈 사회의 미래가 어떨지도 모른다. 아이에게 기울이는 노력이 꼭 내가 원하는 결과로 이어진다는 보장도 없고, 원하는 결과를 얻는다고 해도 아이가 행복하리라는 보장도 없다. 상담하며 만나는 부모들 중 아이를 위해 많은 노력을 했지만 그 노력이 오히려 아이에게 무거운 짐이 되는 경우도 보게 된다. 원하는 결과는 어떻게든 얻어 냈지만, 한편으로는 전혀 예상하지 못한 부정적인 결과를 맞는 경우도 있다. 아이를 사랑해서 아이의 성공을 위해 노력했는데, 기대에 미치지 못하면 아이를 미워하고 마는 부모는 너무나 흔하다. 자신이 쏟아부은 사랑이 결실로 이어지지 않자 책임을 아이에게 돌리는 것이다. 차라리 하지 않았다면 더 나았을 참담한 사랑이다.

불안이 우리 삶에 불가피하다면 불안을, 불확실성을 있는 그대로 인정해야 한다. 애써 이겨내려 하지 말고 내가 해낼 수 있는 것이 얼마 되지 않음을 받아들이며 겸손한 자세를 갖는 편이 낫다. 실패 가능성이나 위험을 모두 차단하려고 노력하다 보면 삶이 너무 힘들어진다. 끝나지 않는 걱정의 굴레에 묶여 시달려야 한다. 그러다 보면 행복은 사라진다. 행복하지 않은 부모의 모습을 보며 자라는 아이는 자신의 삶에서도 행복을 느낄 수 없다.

육아의 가장 큰 적은 완벽주의다. 완벽주의는 불안을 이겨내려는 몸부림이다. 어느 구멍으로 연기가 새어 들어올지 모르니 모든 틈을 막아야 한다는 태도다. 이것도 제대로 해내고, 저것도 채워놓고, 그것도 소홀히 하지 않아야 한다. 공부도, 운동도 잘하고 인성도, 사회성도 좋은 아이로 키워야 한다. 모든 단점은 빨리 고쳐줘야 한다. 이렇게 여기는 부모는 하나의 정보를 들으면 두 가지 걱정이 떠오르고 네 가지 할 일이 생각난다. 위험을 막으려면, 제대로 해내 성공하려면 쉴 새 없이 움직여야 한다. 운이 좋아 아이와 부모가 모두 유능하고, 부지런한 데다, 건강도 받쳐주고, 다른 방해 요인도 없다면 성공할지 모른다. 하지만 어느 곳에서든 삐끗하면 무너진다.

완벽주의는 나와 아이를 화나게 한다. 육아를 부담 속으로 밀어 넣는다. 해야 할 일의 목록을 생각하고 확인하느라 정작 눈앞의 아이를 못 보게 한다. 육아의 기쁨, 빛나는 순간은 얻지 못한다. 아이에게 가장 필요한, 사랑의 눈빛으로 아이 곁에 편안히 머무는 순간을 주지 못한다. '네가 내게 와서 나는 참 좋아.' 이 마음으로 아이 곁에 머물 때 아이의 자존감이 만들어진다. 아이를 온전히 인정하고, 존재 그대로 받아들이고 환영하는 부모의 마음. 그 마음이 아이 자존

감의 기초를 형성하는데 그 탄탄한 기초를 만들어주지 못한다.

우리가 할 수 있는 일은 얼마 되지 않는다. 나라는 존재는 할 수 있는 몇 가지 일조차 부지런히 하지 못한다. 부모 역시 그렇다. 부모도 사람이기 때문이다. 사람은 그리 대단한 존재가 아니다. 허술하고, 약점도 있고, 흔들릴 때도 있다. 포부는 크고, 해야 한다는 마음은 많지만 정작 해내는 일은 많지 않다. 이것이 진실이다. 인정해야 한다. 이런 자기 자신을 아껴주며 오늘을 잘 살아보려 마음먹고 있다면 우리는 괜찮은 부모다.

어린이 정신 치료의 선구자 도널드 위니코트Donald Win-nicott 박사는 이런 말을 했다. "한결같기 위해서, 그리고 아이들이 예측할 수 있게 하기 위해서 우리는 우리 자신이 되어야 합니다. 우리가 우리 자신이 된다면 아이들은 우리를 알 수 있습니다." 억지로 좋은 사람인 척 자신을 포장할 필요는 없다. 다만 사람은 조금 더 나은 존재가 되고 싶어 한다. 오늘보다 내일 더 나은 존재가 되고 싶어 한다. 그것이면 충분하다. 아이를 사랑하고, 조금 더 나아지고 싶다면 충분히 좋은 부모다. 아이도 오늘보다 내일 조금 더 나아지려하고, 주변 사람을 사랑할 수 있는 사람이 된다면 그것만으로도 충분히 값지다.

불안이 고개를 드는 순간 자신에게 말해야 한다. 소리 내서 말해도 좋고 속으로 되뇌어도 좋다. 얼른 떠오르지 않는다면 종이에 써두고 반복해서 읽어도 좋다. '부족한 것이 사람이다. 허술한 것이 사람이다. 내가 할 수 있는 일을 한다면 그것으로 충분하다. 내가 하지 못하는 것에 마음 쓰지 말자. 이 순간 내가 할 수 있는 일에 집중하자.'

물론 그런다고 불안이 다 사라지는 것은 아니다. 계속 다독여줄 뿐이다. 불안을 모두 날려버릴 획기적인 방법 따위는 없다. 그런데도 사람들은 어딘가 자신이 모르는 대단한 방법이 있지 않을까 생각해 여기저기 찾아보고 자신의 부족함을 탓한다. 그러다 많은 시간과 에너지를 들인다. 그 결과 지친다. 당장 할 수 있는 일에 집중하지 못한다.

다시 말하지만 우리는 불안과 함께 살아가야 한다. 불안은 고약한 녀석이다. 곁에 두고 싶지 않다. 하지만 어지간하면 우리에게서 떨어지지 않는다. 떼어내려 하면 더 달라붙고, 한 가지를 해결하면 다른 모습으로 찾아온다. 차라리 '불안해도 괜찮다. 불안 덕분에 적당히 긴장하고 살 수 있어 좋은 점도 있다'며 스스로를 다독여주자. 불안이 곁에 있어도 괜찮다. 불안에 휘둘리지만 않으면 된다.

불안이 강하게 느껴지면 누구나 당황한다. 하지만 감정은 올라올 때는 강렬해도 곧 사라진다. 한 시간, 아니 30분만 지나도 심각한 순간은 지나간다. 스스로에게 말해주자. '지나갈 거야. 바람에 흔들리지 않을 거야. 해야 할 일이 무엇이든 우선 내 마음의 평화부터 찾고 시작하자.' 혼잣말로 다스려지지 않는다면 명상을 하면 도움이 된다. 배울 시간이 없다면 생각이 아닌 감각을 추구하는 것도 좋은 방법이다. 운동이든, 음악이든, 따뜻한 음료든, 수다든, 컬러링이든 감각에 집중하며 잠시 시간을 보내보자. 불안을 해결하는 데 생각은 좋지 않다. 더 많이 생각한다고 불안이 사라지는 것은 아니다. 오히려 생각을 벗어나 감각적인 활동에 잠시 집중하는 편이 도움이 된다.

그렇게 불안을 다독이며 버텨보자. 불안을 완전히 없애려 하지 말고 삶의 조건임을 받아들이며 심각한 순간을 넘길 자신만의 무기를 만들어내는 것. 이것이 불안을 넘어서는 방법이다. 만약 이 방법이 잘 먹히지 않는다면 전문가를 만나야 한다. 불안을 다스리는 방법은 연구가 많이 되어 있으니 전문가들이 도울 수 있다.

3
육아의 본질은 돌봄이다

육아서를 보면 부모의 마음은 더 무거워진다. '나 때문에 아이가 잘못된 것은 아닐까? 아이에게 내가 도움이 못 되는구나. 책에 나오는 대로 실천하면 좋을 텐데 막막하네. 시간도 부족하고 내겐 너무 어렵네.' 아이를 잘 키우기 위해 읽는 책이 부모에게 좌절감을 주고 육아를 부담스럽게 느끼도록 한다. 부모의 자신감을 빼앗고, 아이를 편안하게 대하기 어렵게 한다.

육아의 본질은 돌봄이다. 교육이나 인재 양성이 아니다. 먹이고 입히고 재우고 아이에게 편안한 환경을 제공하는 것이다. 아프면 돌봐주고, 힘들어하면 다독여주고, 못하는 것은 어떻게 하면 되는지 알려주면 된다. 더 좋은 먹을거리,

더 좋은 놀잇감, 더 좋은 대화 기술이 있겠지만 더 좋아지기 위해 많은 에너지를 쏟아야 한다면 그렇게까지 할 필요는 없다. 적당한 수준이면 충분하고 부모가 여유로운 편이 더 좋다. 부모에게 여유가 있어야 아이에게 웃어줄 수 있다. 아이를 차분하게 바라볼 수 있다.

아이가 좋아한다고 다 해줄 필요도 없다. 아이는 한계를 모를 수 있다. 원인과 결과를 잇지 못한다. 그래서 부모가 얼마나 힘든지 알지 못한다. 아이가 원한다고 계속 그림책을 읽어주는 부모가 있다고 하자. 한 권만 더, 한 권만 더 읽어달라고 떼쓰고 결국 부모는 지친다. 더는 읽어줄 수 없어 그만하자고 하지만 아이는 막무가내로 조른다. 부모도 화가 난다. "너는 엄마가 얼마나 힘든지도 모르니? 이렇게 많이 읽어줬는데 도대체 고마움도 모르고 계속 조르기만 하니?" 한바탕 화를 내면 아이가 자신의 잘못을 깨닫고 반성할까? 그렇지 않다. 아이는 그저 부모가 화내고 있다는 것만 알 뿐이다. 자신을 싫어하는 것은 아닐까 걱정하고 그래서 불안에 휩싸여 운다. 자신에게 웃어주던 시간, 즉 엄마가 자신을 사랑하던 시간으로 돌아가고 싶어 오히려 계속 떼를 쓴다.

그러면 어떻게 해야 할까? 힘들지 않은 정도만 해주고

"이제 그만"이라고 말해야 한다. 아이가 원해도 웃으면서 거절해야 한다. 혹시 울면서 떼쓴다면 '에구, 속상하겠구나' 하는 마음으로 아이를 봐주며 그냥 놔둬야 한다. 아이가 원하는 것은 잘 알지만 엄마는 해줄 수 없다는 안타까워하는 마음으로 보되 더는 책을 읽어주지 않아야 한다. 그것이 자비로운 마음이다. 아이와 자신에게 동시에 자비로운 마음이다. '비록 어쩔 수 없지만 아가야, 네가 속상한 것을 알아. 그런데 네가 원하는 대로 더 하면 엄마가 힘들어질 거야. 그러면 네게 웃어줄 수가 없는걸. 더 해주고 싶지만 해주지 못하는 나도 속상하단다. 너도 안됐고 나도 안됐구나. 하지만 조금 있으면 이 속상한 마음은 지나갈 거야. 엄마는 너를 사랑하고 다음에 또 네가 원하는 것을 해줄 거니까.' 이렇게 아이에게 말하라는 것은 아니다. 말해도 못 알아듣는다. 말이 길어지면 아이는 더 떼쓴다. 그저 이런 마음으로 자신과 아이를 봐주면 된다. 자비로운 눈빛과 몸짓은 생각보다 큰 힘이 있다. 울음을 견디고 상황을 넘길 수 있게 도와준다. 아이도 조금씩 덜 떼쓰게 된다.

돌봄이 중요하다고 해서 교육이 의미 없다는 뜻은 아니다. 교육은 필요하다. 발달이 늦은 아이라면 절실하고 보통의 아이에게도 필요하다. 유아교육의 수준이 아이의 삶에 미치는 영향은 상당하다. 1962년 미시간 입실란티 지역에서 시작한 페리유치원 프로젝트Perry Preschool Project는 질 높은 유아교육이 아이의 인생에 상당한 영향을 줄 수 있음을 증명했다.

심리학자 데이비드 웨이카트David Weikart와 동료들은 흑인 밀집 거주지에서 지능지수가 85 이하인 만 3, 4세 흑인 아동 128명을 모았다. 아이들을 임의의 두 그룹으로 나누고 한 그룹은 매일 지정한 센터에서 두 시간 반 동안 교육을 받게 했다. 아이들의 지적 호기심을 자극하며 자율적인 탐색을 장려하는 교육이었다. 이와 더불어 교사들이 가정을 방문해 매주 한 시간 반 동안 부모에게 가정에서 아동의 학습을 돕는 방법을 교육했다. 다른 그룹의 아이들에겐 별다른 교육을 제공하지 않았다. 이 무렵 흑인 거주지에는 유아교육 시설이 없었다. 실험은 2년간 지속되었는데, 초기 결과는 인상적이었다.

대중의 관심을 끈 것은 무엇보다 지능지수의 변화였다. 교육을 받은 그룹에서는 67퍼센트의 아이들이 만 5세에 지능지수가 90을 넘어서는 뚜렷한 향상을 보였다. 교육을 받지 않은 아이 중 지능지수가 90을 넘은 아이는 28퍼센트에 불과했다. 열악한 환경에 놓인 아이들에게 수준 높은 교육을 제공하면 능력을 향상할 수 있다는 것을 증명한 결과였다. 다만 이 결과는 시간이 지나면서 사라졌다. 만 10세가 되었을 때 두 그룹의 지능에는 차이가 없었다. 교육에 참여한 아이들은 빠르게 지능이 발달했지만 이후 더 이상 발달하지 않고 정체되었다. 반면 교육에 참여하지 않은 아이들은 초등학교 입학 후 서서히 지능이 발달해 비슷한 수준에 도달했다.

실험에 대한 관심은 사그라들었다. 질 높은 유아교육이 아동의 능력을 끌어올릴 수 있으리라는 대중의 기대에 어긋났기 때문이다. 하지만 연구는 계속 이어졌다. 실험에 참여한 아동을 14·17·27·40세에 연이어 조사했다. 그 결과는 상당히 인상적이었다. 유아교육은 고작 2년간 이뤄졌을 뿐이지만 두 그룹의 아이들은 상당히 다른 성장 과정을 밟았다. 14세 때 실시한 조사에서 두 그룹 아이들의 지능지수에는 차이가 없었다. 하지만 학업 성취도나 숙제를 제대로 해내는 아이의 비율에는 차이가 있었다. 유아교육을 받은 아이들이 학업 성취도가 높았고 숙제를 제대로 하는 경우가 더 많았다.

17세 때 조사에서는 고등학교 교육을 마친 아이의 비율이 각각 77퍼센트와 60퍼센트로 차이가 났다. 평균 교육 기간도 1년 이상 길었다. 성인기에 반복해서 범죄에 연루되는 아이의 비율은 36퍼센트와 55퍼센트로 교육을 받지 않은 그룹에서 훨씬 높았다. 40세 기준으로 연 소득이 2만 달러 이상인 사람의 비율은 60퍼센트와 40퍼센트였다. 수준 높은 조기교육이 분명 아이들의 인생에 긍정적인 영향을 주었음을 연구는 보여주었다.

물론 이 실험은 일반적인 유아교육의 효과를 확인하는 연구는 아니다. 열악한 환경에서 자라는, 인지능력이 평균 이하인 아동을 대상으로 한다. 적절한 교육 복지가 주어진다면 아이들의 삶이 얼마나 달라질 수 있는지 확인하기 위한 연구다. 이미 모든 유아에게 누리과정을 실시하고 있고 교육에 대한 관심이 지나치게 높은 현재의 한국 사회에 바로 적용할 수 있는 연구는 아니다. 그럼에도 유아에 대한 수준 높은 교육이 미래의 삶에 지대한 영향을 미칠 수 있다는 것 정도는 분명하게 확인할 수 있다.

여기에서 조금만 더 나가보자. 이 연구에서 읽어낼 두 가지 중요한 시사점이 있다. 아이를 조금 일찍, 조금 더 많이 가르치면 똑똑해질까? 연구가 보여주는 결과는 그렇지 않다는 것이다. 가르칠 때는 효과가 있는 듯 보이지만 아이들은 결국 비슷한 수준으로 수렴한다. 늦게 가르치면 늦게 올라갈 뿐 큰 차이는 없다. 아이가 어릴 때 부모들은 한 번쯤 자신의 아이가 혹시 영재가 아닐까 생각한다. 객관적으로 놀라운 모습을 보여주는 아이도 있다.

하지만 현재까지 아이의 지적 능력을 획기적으로 끌어올리는 입증된 방법은 없다. 그런 방법이 있다면 이미 유아교육에 도입되었을 것이다. 오히려 아이들의 인지 발달에 해로운 방법이 값비싸게 팔리고 있고, 방법이 잘못된 교육으로 아이들은 학습에 대해 부정적인 감정만 키우고 있다. 부모의 만족을 위해 무의미한 학습에 과도한 시간을 사용하는데, 그 때문에 유아기에 더 중요하고 꼭 필요한 발달을 이루지 못하는 경우도 종종 본다.

페리 프로젝트에서도 수준 높은 유아교육을 제공했지만 결론적으로는 아동의 지능지수에 영향을 주지 못했다. 하지만 아이들의 학업 성취, 사회성 발달, 사회 적응에는 효과를 발휘했다. 왜 이런 현상이 나타났는지 제시된 몇 가지 분석에서 주목한 것은 매주 한 시간 반 동안 별도로 실시한 부모 교육이었다. 육아 정보가 부족한 부모에게 아이와 어떻게 소통할지, 아이를 어떻게 도와줄지 가르쳐주는 과정이 부모의 육아 효능감을 높일 수 있었다. 유아교육은 2년만 제공하고 중단되었지만, 부모들이 받은 2년 동안의 부모 교육은 이후 양육에 상당한 영향을 미쳤다. 아이들의 학습을 도와주고, 생활을 관리하는 일의 중요성을 알게 되었고, 실질적인 방법도 배웠다. 배운 방법을 실천할 때 아이가 조금 더 나은 모습을 보인다는 것을 깨닫자 부모로서 자신감을 키울 수 있었다.

아이에게는 특별한 교육이 필요한 것이 아니다. 특별한 교구나 유명한 학원이 필요한 것이 아니다. 아이에겐 부모가 필요하다. 지속적으로 관심을 갖고 도와주는 부모가 필요하다. 그런 부모가 있어야 아이는 잠재력을 발휘할 수 있다. 그렇다고 대단한 부모가 필요한 것은 아니다. 이제 갓 스무 살이 넘어 아이를 낳고, 학교도 제대로 마치지 못한 흑인 부모들은 아이에게 자신의 도움이 필요하다는 것은 알지만 열악한 환경에서 살고 자원도 부족하다 보니 특별한 실천을 할 수 없었을 것이다. 그들에게 실시한 부모 교육은 상당한 효과를 보였다.

아이에게는 끊임없이 관심을 가지고, 곁에 머물며 꾸준히 도와줄 사람이 필요하다. 부모의 꾸준한 돌봄 속에서 아이들은 잘 성장하고 자기 잠재력을 발휘해낸다. 꾸준하게 돌보는 것만으로도 충분하고, 그것이 가장 필요한 부모의 역할이다.

4
더하기보다는 빼는 육아

유아를 키우는 부모에게 늘 이렇게 당부한다. 무언가를 더 해주려고 그만 노력해도 된다. 뭐라도 더 해주려 애쓰다 보면 지치기 마련이다. 부모가 힘들고 지친다면 아이 곁에 부모가 있어도 없는 것과 마찬가지다. 지친 부모는 아이의 마음을 들여다볼 여유가 없다. 자기 마음을 건넬 여력이 없다. 곁에 머물지만 아이와의 연결은 끊어진다. 아이는 부모가 곁에 있으면서도 자신의 마음을 봐주지 않을 때 더 힘들어한다. 부모는 돌보지만 아이는 돌봄받는다고 생각하지 않는다. 부모는 사랑하지만 아이는 사랑받는다고 느끼지 못한다.

우리는 비록 부모지만 대단한 존재는 아니다. 어쩌다 보니 부모가 되었다. 아이를 키우고 있지만 부족한 점이 너무나 많다. 부족하지 않은 척할 필요도 없다. 육아는 내 전부가 아이의 전부와 만나는 것이라 숨길 수도, 지어낼 수도 없다. 아이는 나를, 내 수준을 결국 다 알게 된다. 하지만 괜찮다. 인류는 있는 그대로의 모습으로 지금까지 아이들을 잘 키워왔다. 우리도 얼마든지 그럴 수 있다. 우리 아이도 내가 곁에서 돌봐준다면 잘 클 수 있다. 그러니 너무 애쓰지 말자. 뭘 더 해주기보다 오히려 조금 빼는 것이 낫다.

무엇을 빼야 할까?

첫째, 부족한 것 없이 주고 싶은 마음을 빼야 한다. 부족함은 인간의 조건이다. 우리는 모두 부족하다. 부족함을 인정하지 않을 때 우리는 무리하게 된다. 무리하다 보니 지치고, 지치다 보니 사랑이 사라진다. 아이에게 맘껏 주지 못하는 자신을 원망하고 그런 상황을 만든 주변을 탓한다. 부족한 것 없이 해준다고 아이에게 좋다는 보장도 없다. 그저 자신의 헛된 욕심일 뿐이고, 실은 자기를 믿지 못하는 두려움일 뿐이다. 그것을 알지 못한 채 두려움과 욕심의 노예가 되어 스스로를 괴롭힌다. 그것이 끝이 아니다. 자신의 부족함을 인정하지 않는 부모는 아이의 부족함도 인정하지 못한다. 결국 아이에게 상처를 주게 된다.

둘째, 다른 사람에게 인정받고 싶은 마음을 빼야 한다. 사회적 동물인 인간에게 인정 욕구는 기본적인 욕구다. 식욕처럼 생존과 연결된 원초적 욕구여서 완전히 없앨 수는 없다. 하지만 아이를 통해 인정받으려 하면 아이를 도구로 만들 수 있다. 아이는 자신의 삶을 살아내는, 그 자체로 소중한 존재여야 하는데, 부모의 삶을 빛내기 위한 도구가 되고 만다. 빠르게 결과를 내서 부모의 기를 살려줘야 한다. 조용히 잘하는 것만으로는 부족하고 남의 눈에 띄는 결과를 내야 한다. 부모는 자신이 인정받기 위해 아이가 원하든, 원하지 않든 결과를 내도록 밀어붙인다. 하지만 아이는 어느 순간에는 자신의 삶을 살고 싶어 한다. 부모가 자신을 그저 도구로 생각하고 있다고 느끼면 아이는 분노한다. 그리고 부모와 격렬히 맞붙는다. 육아는 사랑이 아닌 투쟁이 되고 만다.

셋째, 닥치지 않을 일에 대한 걱정도 빼야 한다. 우리가 하는 걱정 중 대부분은 닥치지 않을 일에 대한 걱정이다. 부모들과 이야기하면 몇 년 후, 심지어 아이가 다 커서 어른이 되었을 때의 일까지 걱정한다. 그걸 어찌 알겠는가? 그럴 때마다 나는 되묻는다. "어린 시절에 자신이 지금처럼 살지 아셨나요?" 어른이 될 때까지 얼마나 많은 일이 벌어질지 알 수 있나. 지금 걱정한다고 그 수많은 일에 대처할 방법이 생기는 것도 아니다.

부모는 보통 아이가 지닌 작은 문제도 부풀려 걱정한다. 돼지저금통을 몰래 뜯어 딱지를 사면 얘가 이러다 도덕성 없는 아이로 자라지 않을까 걱정한다. 야한 동영상 본 것을 발견하면 이러다 변태 성욕자가 되지 않을까 염려한다. 아이에게 문제가 있더라도 너무 먼 미래까지 연결할 필요는 없다. 그렇다고 그냥 내버려두라는 것은 아니다. 고민은 필요하다. 하지만 고민의 방향은 실천적이어야 한다. 막연하게 걱정하고 불안만 키우면 아이만 더 혼내게 된다. 지금 이 순간 무엇을 해야 할지 생각하자. 자신이 할 수 있는 일만 생각하자. 내가 할 수 없는 것은 불가능한 것이다. 모든 것을 해낼 수는 없다. 아이에게 무슨 말을 해줄지, 어떤 교육을 해줄지 생각해보자. 모르면 찾아보면 된다. 찾아도 없으면 도움을 구할 방법을 알아보자. 막연히 걱정하기보다 할 수 있는 일을 해야 한다.

아이를 생각하면 수많은 걱정이 떠오른다. 육아서를 보면 아이에게 해줘야 할 수많은 활동이 쓰여 있다. 하지만 부모가 할 수 있는 일은 얼마 되지 않는다. 오늘 당장 아이와 무엇을 하고 놀지, 어린이집에서 돌아온 아이와 어떤 대화를 나눌지, 늘 그렇듯 아이가 또 엉뚱한 짓을 저지르면 어떻게 대응할지 정도다. 그것만 생각해도 좋다. 하루하루의 일을 잘 처리하는 것이 부모의 역할이다. 하루하루의 일에 집중해도 해결되지 않으면 그때 더 나은 방법을 찾아보자.

많은 부모가 걱정하느라 지나치게 많은 시간을 보낸다. '이것도 아이에게 필요한데 언제 하지? 저것도 아이에게 중요하다는데 그것은 어떻게 하지?' 꼭 기억해야 한다. 한 가지를 하면 다른 한 가지는 놓칠 수밖에 없다는 것을. 다른 사람은 할 수 있지만 나는 하기 어려운 일도 많다. 그렇다면 내가 당장 아이를 위해 할 수 있는 것을 택한 후 나머지는 그냥 잊어버리는 편이 낫다. 걱정에 휩싸여 있기에는 우리는 너무 피곤하고 바쁘다. 걱정할 시간이 있으면 아이를 위해, 또 나를 위해 무언가를 해주는 편이 낫다.

넷째, 아이를 당장 바꾸고 싶은 마음을 내려놓아야 한다. 부모는 늘 이야기한다. "좋게 두세 번 이야기하면 좀 들어줘야 하는 것 아니에요?" 커다란 오해다. 부모와 아이를 괴롭히는 오해다. 아이는, 아니, 사람은 그렇게 쉽게 변하지 않는다. 아이의 잘못된 행동을 고치는 데는 많은 시간이 필요하다. 몇 마디로 아이가 잘못을 고칠 수 있다고 생각하면 육아는 100퍼센트 괴로워진다. 두세 번? 아니, 이삼십 번 말해야 한다. 유아는 자신이 한 일이 잘못인지 모른다. 어떤 일이 잘못이고 괜찮은지, 또 그 이유는 무엇인지 아이가 알 턱이 없다. 자기를 좋아하는 부모가 안 된다고 하니 그런가 보다 할 뿐이다.

부모에게는 비슷한 잘못처럼 보여도 아이들에겐 매번 다른 일처럼 느껴진다. 소파에서 뛰지 말라고 부모가 주의를 시켰지만 아이는 식탁 의자에서 뛴다. 부모가 보기에는 비슷한 잘못이지만 아이에게는 다르다. 크레파스를 입에 집어넣지 말라고 가르치면 아이는 연필을 입에 넣어 빤다. 추상적 사고를 하기 어려운 아이의 세계에서 두 가지는 전혀 다른 사물이다.

그뿐 아니다. 잘못이라는 것을 안다고 해도 실천하기 어렵다. 하지 말아야 한다는 것은 들어서 알고 있지만 그 순간에는 생각나지 않는다. 집에 오면 손을 씻어야 한다는 것을 알지만 눈앞에 어제 갖고 놀던 공룡 인형이 보이면 그곳으로 달려간다. 부모가 "너 손 안 씻었지" 하고 추궁하면 그제야 생각난다. 아이가 지닌 주의력의 한계다. 한 가지에 집중하는 순간 다른 것은 머리에서 사라진다. 거기에 더해 욕망의 문제도 있다. 이것은 어른도 마찬가지지만 아이는 욕구를 참기가 더 어렵다. 하지 말아야 한다는 것은 알지만 하고 싶은 마음을 자제하기 어렵다.

그래서 부모는 기다려야 한다. 당장 아이를 바꾸려는 마음을 버리고 내가 꾸준히 가르치면 결국 바뀔 것이라는 마음을 갖고 기다려야 한다. 아이가 어떤 행동이 옳고 그른지 알 때까지, 아는 것을 제대로 기억하고 떠올릴 수 있을 때까지, 자기 행동을 스스로 돌아볼 수 있을 때까지, 욕구를 참고 대안적인 행동을 찾아낼 수 있을 때까지 기다리며 꾸준히 가르쳐야 한다. 조급한 마음과 기대를 내려놓아야 안정적인 육아가 가능하다.

다섯째, 내가 노력하면 뭐든 가능하다는 마음도 내려놓아야 한다. 부모에게는 그런 힘이 없다. 부모는 중요하지만 절대적이지 않다. 육아에 대한 연구는 한결같이 이러한 사실을 보여준다. 청소년기 이후의 삶에서는 부모보다 또래나 다른 환경이 미치는 영향이 절대적이다. 어린 시절이라고 해도 부모의 노력으로 바꿀 수 있는 것은 제한적이다. 지능도, 성격도, 외모도 바꾸기가 쉽지 않다. 아이를 나쁘게 만드는 것은 쉽지만, 더 좋게 만드는 것은 어렵다. 세상 모든 일이 그렇듯 망치기는 쉽지만 제대로 만드는 것은 어렵다. 아무리 부모가 능력 좋은 사람이라 하더라도, 자기 아이를 제대로 훈육할 수 있다는 보장은 없다. 운이 따르고, 아이가 도와야 한다. 아이가 부모의 기대를 잘 따라주면 겸손하고 감사해야 할 뿐이다. 잘된 경우라 하더라도 부모의 노력과 능력이 미친 영향은 생각보다 작을 수 있다.

여섯째, 아이보다 내가 잘났다는 생각을 버려야 한다. 요즘 부모들은 너무나 잘났다. 왜 아이가 저것밖에 안 되나 혀를 차고, 내가 어릴 때는 저렇지 않았다며 한숨을 쉰다. 대부분은 자신의 어린 시절을 지나치게 미화해서 갖게 되는 생각이다. 물론 객관적으로 부모가 아이보다 장점이 많을 수도 있다. 하지만 사람은 상품이 아니다. 누군가가 다른 사람보다 가치 있다고 함부로 말할 수 없다. 한 번 살고, 한 번 죽는 삶에서 사람의 가치를 함부로 재단해선 곤란하다. 우리는 모두 개별적인 존재로 자신만의 고유한 가치를 갖고 살아간다. 그러니 비교할 수 없다.

아이가 자신보다 못하다고 생각하는 부모는 필연적으로 아이에게 상처를 준다. 부모가 대놓고 말하지는 않겠지만 표정과 태도로 마음이 드러난다. 사춘기 아이들에게 제일 싫은 순간을 물어보면 부모가 자신을 한심하게 보며 고개를 돌린 순간이라고 말한다. 뭐라고 야단치지는 않지만 할 말이 없다는 듯 고개를 돌릴 때 아이는 모멸감을 느낀다. 그러면 아이는 분노하고 절망한다. 부모에게 정을 뗀다.

모멸감은 아이의 마음에 그늘을 드리운다. '나는 부족한 존재야. 부모도 나에게 만족하지 못했어. 내가 만족시킬 수 있는 사람은 없을 거야.' 이렇게 성장한 아이가 자신을 사랑할 수 있을까? 다른 사람에게 편안한 웃음을 줄 수 있을까? 자신을 믿지 못하기에 만나는 모든 사람을 경계하게 된다. 자식보다 자신이 더 잘났다는 부모의 헛된 자부심 덕분에 아이는 마음의 그늘을 갖고 삶을 살아내야 한다.

부족한 부모여도 괜찮다. 아이에게 많은 것을 해주지 못해도 괜찮다. 어쩌면 조금 덜 해주는 부모가 아이를 살릴지도 모른다. 예전에 〈영재발굴단〉이라는 TV 프로그램에서 청각장애 부모와 아이의 이야기가 소개된 적이 있다. 부모는 청각장애가 있어 아이에게 말을 가르칠 수 없었다. 다행히 청력이 정상인 아이는 다른 사람을 통해 말을 배웠다. 아이의 말을 들을 수 없는 부모는 아이가 말하면 늘 아이의 입을 열심히 바라봤다. 입 모양으로 아이의 말을 읽은 것이다. 아이는 자신을 열심히 바라봐주는 부모, 자신이 말하면 기특해하며 좋아하는 부모를 위해 쉬지 않고 말했다. 말은 아끼고, 그저 들어주는 부모의 태도가 아이의 언어능력을 자라게 했다. 무언가를 더 가르쳐서 아이가 똑똑해진 것이 아니다. 그저 사랑하고 열심히 봐주었기에 아이는 자신의 잠재력을 발전시켰다.

아이를 키우는 일은 부담스러운 일이다. 그 부담을 다 덜어낼 수는 없다. 하지만 육아를 조금은 쉽게 만드는 비결이 있다. 나와 아이의 한계를 인정하고, 아이를 당장 바꾸는 데 매달리지 않고, 벌어지지 않을 일에 대한 걱정은 버리는 것. 이 모든 것은 결국 불안에 대한 이야기다. 불안을 잘 다룰 수 있어야 육아가 편해진다. 그래서 좋은 육아는 부모가 스스로를 살피는 데서 출발한다. 아이가 문제가 아니다. 아이를 키우는 나를 먼저 돌봐야 한다. 그래야 육아가 편해진다. 육아가 편해져야 부모가 밝아진다. 부모가 밝아져야 아이가 행복하다. 이것이 쉬운 육아의 비밀이다.

자, 육아에서 덜어낼 것을 덜어냈다면 이제 무엇을 채워야 할까? 다음 장에서는 세 돌에서 다섯 돌까지 아이에게 가장 필요한 것, 부모가 놓치지 않고 챙겨야 할 일에 대해 알아보려 한다. 덜어낸다는 것은 아무것도 안 하자는 뜻이 아니다. 얼마 안 되는 부모의 에너지와 시간을 아껴 아이에게 가장 도움이 될 일에 집중하자는 의미다. 그럼 이제 그 일이 무엇인지 한번 살펴보자.

아이에게 필요한 단 한 가지,
놀이

1
돌봄에서 놀이로

세 돌이 되지 않은 아이에게 가장 필요한 것은 돌봄이다. 기본적인 것을 챙겨줘야 하고 누군가는 아이 곁에 있어야 한다. 부모 중 한 사람이 늘 챙겨야 한다는 뜻은 아니다. 누구라도 좋고 여러 사람이어도 괜찮다. 다만 아이를 돌볼 때 내가 책임진다는 마음을 갖고 있어야 아이에게 안정감이 생긴다. 이 무렵의 아이에겐 생존과 안전이 중요하다. 자신이 바라는 것을 표현하기 어렵기에 아이 곁에 머물며 원하는 것을 알아줘야 한다. 옳고 그름을 판단하기 어렵고, 알아도 자신의 행동을 조절하지 못하기에 위험하거나 나쁜 것은 치우고 바꿔줘야 한다. 아이를 가르치거나 바꾸기보다 환경을 조정하는 것이 우선이다.

그렇다면 아이가 이제 세 돌이 지났다면 가장 필요한 것은 무엇일까? 말할 것도 없다. 놀이다. 물론 여전히 아이에겐 돌봄이 필요하다. 하지만 이제 돌봄만으로는 부족하다. 아이가 제대로 성장하고 발달하려면 놀이가 필요하다. 물론 아이는 스스로 논다. 누가 도와주지 않아도 스스로 놀이를 만들어낸다. 자기 혼자 탐색하고, 시도하고, 즐거움을 추구한다. 부모는 아이의 놀이를 도와줘야 하고, 방해하지 않아야 한다.

노는 것도 도와줘야 할까? 당연하다. 가장 기본적 본능인 먹는 것도 처음엔 부모가 돕고 가르친다. 아이가 잘 때도 부모의 도움이 필요하다. 한발 더 나아가 좋은 수면 습관을 만들어줘야 아이가 안정적으로 잘 큰다. 힘들여 수면 교육을 하는 이유가 여기에 있다. 놀이도 마찬가지다. 아이는 놔두면 혼자서 논다. 하지만 놀이의 수준이 낮아서 자신의 몸을 갖고 논다. 손가락을 빨고, 몸을 흔들고, 빙글빙글 도는 등 수준 낮은 놀이에 머문다. 주변의 물건을 가지고 놀 때도 방법이 단조롭다. 주변 사람과 같이 놀고 싶어 하지만 방법을 몰라 충돌하기 쉽다.

장난감도 없고 편리한 육아용품도 없었지만 적어도 놀이

를 배우기에는 오래전의 육아 환경이 나았다. 무엇보다 아이에게 놀이를 가르쳐줄 사람이 주변에 많았다. 대가족을 이루고 살았고 형제도 많았다. 부모가 아니어도 할머니와 삼촌, 형과 언니가 아이에게 놀이를 알려주었다. 계절과 무관하게 아이들은 해가 뜨면 밖으로 나갔고 그곳에는 동네 아이들과 오래전부터 전승되어오는 놀이가 있었다. 처음에는 구경꾼 역할에 머물러야 하지만 이내 깍두기가 되어 놀이에 참여하고 차츰 한 명의 놀이 주체로 인정받았다. 과거의 아이들은 놀이 외에는 할 일이 없었지만 놀이만큼은 쉽게 배울 수 있었다.

요즘에는 놀이조차 부모의 역할이 되었다. 아이가 가지고 놀 장난감을 사주고, 직접 놀아줘야 하고, 친구와 놀 약속을 맺어주고, 키즈카페에 데려가서 어울리게 해야 한다. 그러다 보니 아이에게 꼭 필요한 놀이가 부모에겐 부담스러운 '일'이 되고 말았다. 놀이는 즐거워야 하는데, 일로서 놀아줘야 하니 부모는 즐겁기 어렵다. 아이는 부모가 즐거워하지 않고, 억지로 놀아주고, 시시때때로 핸드폰을 한다든지 딴짓하는 것을 본다. 나는 놀이가 즐거운데 엄마 아빠는 즐겁지 않다. 아이로서는 아직 부모의 마음을 이해할 수 없다.

부모가 자신을 소중히 여기지 않는다는 느낌만 받는다. 결국 부모는 힘들고 아이는 불안해진다.

부모가 바쁘면 아이가 아예 놀이를 배우지 못하는 경우가 많다. 자연스럽게 놀이를 배울 다른 방법이 없어서다. 조부모가 아이를 돌봐주는 집이 많은데, 아이와 주고받고 놀이를 하기에는 몸 상태가 받쳐주지 못하는 때도 종종 있다. 육아 도우미가 있는 경우에도 아이를 돌보는 역할만 할 뿐 아이와 놀아주지는 않는 분이 많다. 조부모와 육아 도우미는 또래와의 자연스러운 교류를 만들어주기도 어렵다. 그럴 때는 차라리 빨리 어린이집에 가는 편이 나은데, 아이의 몸이 약하거나 기질적으로 불안이 높으면 적응하기가 쉽지 않다. 이런 경우 아이의 놀이 습득에 문제가 생긴다.

돌아보면 누구나 어린 시절에는 놀이를 하며 컸다. 하지만 부모에게 어린 시절은 너무 먼 옛날이다. 그때 어떻게 놀았는지 기억도 잘 나지 않고, 어렴풋이 기억나더라도 그때의 감각은 느껴지지 않는다. 어른에게는 어른의 여가 생활이 있기에 아이의 놀이는 전혀 재미가 없다. 재미만 없는 것이 아니라 쓸데없어 보인다. 게다가 우리는 성장하면서 놀이에 대한 부정적인 말을 많이 들으며 자랐다.

"그만 좀 놀아라." "놀기만 좋아해서 나중에 뭐가 되려고 그러니?"

그러다 보니 아이가 노는 모습도 썩 좋아 보이지 않고 시간 낭비처럼 보인다. 좀 더 의미 있게 시간을 보내야 할 텐데 싶다. 그래서 뭔가 도움이 된다는 교구도 사고, 아직 어리지만 조금씩 가르치려 든다. 그런 것도 나쁘지 않다. 교구도 교육도 괜찮다. 놀이로서 이뤄진다면 뭐든 괜찮다. 지나치게 아이를 이끌려 들지 않고 즐거운 놀이에 자연스럽게 교육이 녹아들어 있다면 나쁘지 않다. 하지만 분명한 것은 그것만으로는 부족하다는 사실이다. 아이는 반드시 스스로 주도하는 놀이를 해야 한다. 어른이 이끄는 놀이로는 배우지 못하는 것이 있다. 자신이 주도하는 자유 놀이를 통해서만 이루어지는 성장이 있다. 부모는 아이가 스스로 놀 수 있도록 도와야 한다.

2
놀이는 왜 필요할까?

1972년 UC 버클리대학의 메리언 다이아몬드Marian Diamond 박사는 〈사이언티픽 아메리칸Scientific American〉에 획기적인 연구 논문을 발표했다. 쥐를 두 집단으로 나눠 한 집단은 평범한 우리에 한 마리씩 넣어 키우고, 다른 집단은 여러 놀잇감이 있는 놀이터에서 함께 있도록 키웠다. 그렇게 청소년기까지 키운 쥐의 대뇌를 해부해 신경 발달 상황을 비교했다. 두 집단의 대뇌피질 발달은 뚜렷한 차이를 보였다. 생기 있고 활발한 공간에서 자란 쥐의 대뇌 발달 상황이 압도적으로 좋았다. 신경섬유도 더 많았고 신경섬유 간 연결도 풍부했다. 박사는 이후 연구에서 두 집단에서 자란 쥐의 문제 해결 능력을 비교했는데, 그 결과도 예상대로였다. 답답한 우리에서 자란 쥐에 비해 넓은 놀이터에서 뛰어놀며 자란 쥐가 문제 해결 능력이 더 좋았다.

생각해보면 당연한 결과다. 갇힌 공간에서 별다른 활동도 하지 않고 자란 쥐와 넓은 공간에서 여러 활동을 하면서 성장한 쥐는 다를 수밖에 없다. 하지만 대뇌피질의 두께 차이를 시각적으로 보여준 연구 결과는 큰 파장을 불러일으켰다. 이것은 쥐에 관한 이야기만은 아니다. 사람의 아이에게도 해당한다. 좀 더 풍부한 자극, 좋은 환경에서 성장한 아이의 두뇌가 더 잘 발달할 것이다. 연구 결과는 저소득층에 대한 과감한 교육 및 복지 투자를 외치는 1970년대 미국의 사회운동에도 큰 힘을 실어주었다.

다이아몬드 박사의 연구는 아동의 놀이에 관해 이야기할 때도 빠지지 않는다. 쥐에게만 놀이가 필요한 것이 아니다. 아이에게도 놀 수 있는 공간, 놀 수 있는 도구, 함께 놀 수 있는 또래가 주어져야 한다. 그래야 두뇌 발달이 잘 이뤄진다. 물론 다이아몬드 박사의 연구에 지나치게 의미를 부여할 필요는 없다. 놀이터에서 성장한 쥐가 자연에서 살아가는 보통의 쥐에 비해 특별히 더 나은 환경에 놓인 것은 아니다. 자연에서 살아가는 쥐도 다양한 경험을 한다. 기어오르고 뛰어넘고 작은 공간을 통과하는 일은 흔하다. 또 동료 쥐와 경쟁하고 협력하면서 먹이를 구하고 살아간다. 오히려 좁은 우리에서 격리된 채 살아가는 쥐가 자연계에서는 경험할 수 없는 특별히 열악한 상황에 놓인 셈이다.

박사의 연구를 과도하게 해석하는 사람들도 있다. 아이에게 더 비싼 장난감, 더 수준 높은 환경을 제공해야 머리가 더 좋아질 것이라면서 교육 소비를 부추긴다. 박사의 연구는 이와는 다르다. 열악한 환경이 두뇌 발달을 제약한다는 것이지 환경이 좋으면 좋을수록 두뇌 발달에 유리하다는 증거는 아니다. 안타까운 현실은 충분히 좋은 환경을 제공받을 수 있는데도 열악한 환경에서 살아가는 아이들이 있다는 점이다. 놀지 못하는 아이, 놀 시간이 없는 아이가 있다. 물질적 환경은 충분히 좋은데 그 안에 놀이는 없는 아이, 기회를 주지 않아 놀이가 박탈된 아이가 있다. 수십만 년의 인류 역사를 통해 아이들에게 자연스럽게 주어진 삶의 방식대로 살지 못하는 아이들이 있다.

놀이와 인지 발달

살아 있는 아이의 두뇌를 연구할 수는 없지만 생쥐를 통한 연구로 놀이가 두뇌 발달을 촉진하는 기전은 거의 확인되었다. 적극적이고 활발한 놀이를 하면 특정 뇌 부위에서 뇌 유래 신경영양 인자BDNF: Brain-Derived Neurotrophic Factor의 유전자 발현이 늘어난다. 그 결과 해당 부위의 BDNF 분비가 늘어나고 결국 신경세포의 성장과 발달이 촉진된다. 아이와 즐겁게 놀이를 하면 그 순간 아이의 두뇌에서 신경세포 발달을 촉진하는 물질이 분비되는 셈이다.

놀이가 아이의 인지 발달에 미치는 영향이 신경세포 발달을 촉진하는 것만으로 발휘되는 것은 아니다. 놀이는 유아에게 거의 유일한 배움의 방법이다. 유아는 추상적인 개념을 이해할 수 없다. 다양한 감각을 통해 반복적으로 사물을 경험하고, 경험의 축적을 통해 사물에 대한 자신만의 인상을 갖는다. 직접 경험하지 않은 개념을 주입할 경우 아이는 개념을 기억에 잡아둘 수 없다. 잡아둔다고 해도 아주 얄팍한 수준의 이해만 갖출 뿐이다.

아이들과 조금만 시간을 보내보면 안다. 아이에게 설명을 많이 해줘도 아무 소용이 없다. 아이는 말을 듣기보다 움직인다. 가까이 가서 관찰하고 스스로 만지고 조작해보며 느끼려 한다. 설명은 지루해한다. 기억하지도 못한다. 하지만 눈으로 보고 손으로 만진 것은 오래 기억하고 즐거워한다. 부모들에게 늘 전하는 말이 그만 좀 설명하라는 것이다. 궁금해할 때만 말해주면 된다. 궁금해하지 않는 것은 말해줘 봐야 아이의 머리에 남지 않는다. 지켜보다 아이가 궁금해서 물어볼 때나 주춤할 때 말해주면 도움이 된다.

아이들은 같은 놀이를 반복한다. 어른들이 볼 때는 하고 또 하는데도 재미가 있을까 싶은데 아이들은 계속한다. 반복은 신경망을 만들어내는 과정이다. 반복하지 않으면 신경망이 형성되지 않는다. 또 마냥 반복하는 것만은 아니다. 가만히 들여다보면 시간이 가면서 변형하고 확장한다. 아이들은 나무가 가지를 뻗듯 기존에 알던 것, 익숙한 것에서 조금씩 확장하며 학습한다. 변화가 지나치게 많고 빠르면 아이는 불안해진다. 그래서 기존 틀을 유지하면서 조금씩만 변화를 섞는다. 심리적 안정감이 유지되어야 아이는 외부 세계에 대한 관심을 넓혀나갈 수 있다.

아이에게 세상은 모두 배움의 대상이다. 어른은 지식으로 정리된 것만 배움의 대상이라고 생각하지만 아이 입장에서는 세상 모든 것이 처음 경험하는 일이다. 지식을 배우기 전에 구체적인 사물을 이해해야 한다. 과일을 배우기 위해서는 사과와 배, 딸기를 알아야 하고, 딸기를 알기 위해서는 다양한 색과 촉감, 맛과 식감까지 알아야 한다. 여러 감각에 기반해 아이는 딸기를 알게 되고, 마찬가지 방법으로 사과를 알게 되고, 그렇게 확장해나가 과일이라는 추상적 개념을 이해하게 된다.

유아기는 구체적인 경험을 통해 사물에 대해 더 많이 알아야 하는 시기다. 추상적 개념을 배우는 시기가 아니다. 더 많은 감각을 통해 사물을 폭넓게 이해할수록 개념이 깊어진다. 이미 아는 개념도 깊이와 밀도가 달라진다. 더 정확하게 사용할 수 있고 다양한 상황에서 유연하게 꺼낼 수 있다. 책으로 요리를 배우면 기대한 대로 진행되지 않을 때 어떻게 해야 할지 혼란스럽지만 다양한 요리 경험을 해본 사람은 여러 방법으로 대처할 수 있는 것과 마찬가지다. '나무'라는 개념을 책으로 배운 아이와 다양한 나무를 보고, 냄새 맡고, 직접 만져보고, 크는 광경을 보고, 나무토막을 쌓아보고, 나뭇가지가 불에 타는 모습도 본 아이는 다를 수밖에 없다. 두 아이가 성인이 되었을 때 나무를 주제로 글을 써야 한다거나, 나무를 활용해 작업하게 된다면 차이가 나지 않을 수 없다.

글과 말은 중요하다. 하지만 글과 말이 곧 실체는 아니다. 유아기에는 실체를 경험하고, 자신이 경험한 실체를 스스로 상징물로 대체하고, 그 상징물을 조작하며 상상하는 시간을 가져야 한다. 그 과정에서 언어를 활용할 때 언어도 풍성한 질감을 갖게 된다. 아이들은 적절한 환경만 주어지면 이런 일을 혼자 해낸다. 안전하다고 생각하면 주변을 탐색하고 경험을 확장한다. 부모는 곁에 머물며 위험한 것만 피하게 하고 웃어주면 된다. 아이가 새로운 경험을 했고 그 시간이 즐거웠다면 집에 와서 그 순간을 재현하려 든다. 가지고 있는 장난감을 활용하거나, 스스로 상징물을 만들기도 하고, 상상을 동원해 경험을 반복한다. 반복할 뿐 아니라 변형과 확장으로 한발 더 나아간다. 부모가 알아주고 재밌어하면 아이는 더 신나게 놀이한다. 아이는 그렇게 배우고 학습한다. 아이의 두뇌가 제대로 성장하는 과정이다.

놀이와 자기 주도성

요즘 부모들의 화두는 자기 주도성이다. 스스로 무언가 하려는 아이, 남이 시키는 것만 겨우 하지 않고 자기가 원하는 목표를 이루기 위해 스스로 동기를 부여해 실천에 옮기는 아이. 부모의 로망이다. 물론 부모가 바라는 자기 주도성은 대개 자기 주도적 학습을 의미한다. 아이들도 좋아하는 것은 자기 주도적으로 노력한다. 시키지 않아도 부모를 속여가며 게임을 하고 어떻게든 높은 레벨에 도달하려 한다. 유튜브 보는 방법은 세 돌만 지나도 스스로 터득해 빠져든다. 하지만 나이가 든다는 것은 좋아하지 않는 일, 즉각적인 즐거움이 없는 일도 자신에게 도움이 된다면 자신을 움직여 노력해야만 한다는 사실을 아는 것이다. 이런 자기 주도적 태도를 길러야 아이는 목표를 향해 나갈 수 있고 스스로에게 만족하며 살아갈 수 있다.

유아는 기본적으로 자기 주도적이다. 하지 말라는 일도 눈을 피해 기어이 하려 들고, 부모가 도우려 하면 자기 혼자 하겠다며 뿌리친다. 힘들 때는 도움을 요청하지만 조금만 자신감이 붙으면 스스로 하려 든다. 방해는 물론이고 도와주려고 해도 짜증을 내곤 한다. 연구에 의하면 아이의 자기 주도성은 유아기를 거치면서 급격히 발전해 만 6세경에 어느 정도 완성된다. 만 6세 이후에는 경험을 통해 자신에 대한 유능감을 발전시키거나 반대로 열등감이 확대될 수 있지만 스스로 목표를 정하고 무언가 해보려는 태도는 그 전에 만들어진다. 이 시기에 자기 주도성이 발달하지 않은 아이는 스스로 무언가를 하려는 마음을 먹고 계획을 세우는 것에 부담을 갖는다. 자기 혼자 무언가 시도하면 안 될 것 같다고 느낀다. 누군가 허락해줘야 안심이 된다. 자신의 결정을 믿지 못하고 지시나 허락을 기다린다.

아이들의 놀이는 기본적으로 자기 주도적이다. 다음에 어떻게 놀지 지시받으며 노는 아이는 없다. 아이는 스스로 놀이를 시작하고 연결한다. 생활에선 하지 말라고 제지당하는 경우도 많고, 이렇게 해야 제대로 하는 거라며 지적받기도 하지만 놀이에선 훨씬 자유롭다. 스스로 목표를 정하고, 마음에 안 들면 목표를 바꾸기도 하며, 자기만의 세계를 창조한다. 놀이에서만큼은 간섭이나 지시를 받지 않을 수 있다. 현실의 부모는 늘 뭐든 자신보다 잘한다. 아이로선 부끄럽고 위축된다. 하지만 놀이할 때만큼은 다르다. 아이도 자신이 있다. 밀리지 않을 수 있다. 내키는 대로 세계를 창조하고 이야기를 만든다. 놀이는 부모에 비해 약자일 수밖에 없는 아이가 부끄럼 없이 주도적으로 해낼 수 있는 유일한 활동이다. 이때만큼은 꿀리지 않고 의존하지 않을 수 있다.

물론 놀이할 때조차 아이를 위축되게 하는 부모도 있다.

그건 아니라고 지적하고 가르치려 든다. 아이에게 이런저런 지시를 하고 놀이를 주도한다. 아이는 부모가 주도하는 놀이에는 흥미를 오래 갖지 못한다. 대신 부모가 없을 때 자신이 놀이를 만든다. 철저한 부모라면 그런 상황까지 다 통제하려 드는데, 불행한 일이다. 그런 부모 밑에서 자라는 아이는 자기 주도성을 잃고 만다. 아이는 스스로 할 수 있다고 생각하지 않는다. 무언가 시도하려는 마음이 올라오는 순간 한편으로는 죄책감과 부끄러움이 생겨난다. 결국 아이는 시도하려는 마음을 포기한다.

부모는 아이에게 간섭하지 않을 수 없다. 잘못은 말해줘야 하고, 어떤 행동은 고쳐줘야 한다. 아이가 원하는 대로 뭐든 하도록 놔둘 수는 없다. 아이를 자유롭게 놔두면 스스로 잠재력을 발휘해 가장 좋은 쪽으로 발전한다는 생각은 환상이다. 아이에겐 사회화가 필요하고 교육이 필요하다. 어른 역시 무언가를 제대로 해내려면 교육이 필요하다. 아이의 삶에서 부모의 간섭이나 개입은 불가피하므로 놀이가 더욱 중요하다. 놀이에서만큼은 얼마든지 자유로울 수 있다. 놀이가 없다면 아이의 삶에서 스스로 자율적으로 할 수 있는 일은 거의 없다. 아이의 자율성이 성장하기 어렵다.

놀이를 해야 아이는 자기 주도적인 태도를 키워나갈 수 있다. 자율성을 키우는 데는 혼자 자유롭게 노는 시간이 중요하다. 부모는 아이의 놀이를 격려하고 계속 새로운 놀이를 이어나가도록 응원해야 한다. 또한 놀이에서만큼은 부모를 이길 수 있어야 한다. 아이도 놀다 보면 뜻대로 안 되는 순간이 있다. 블록을 조립하거나 그림을 그리는 것이 쉽지 않을 때가 있다. 그럴 때는 곁에서 지켜보며 응원해준다. 쉽지 않은데 열심히 하는 모습이 참 멋지다고 말해준다. 계속 끙끙대면서 힘들어하면 살짝 거들어준다. 조금만 거들어주고 자신이 하게 둬야 한다. 아이가 엉성하게 해내면 못 견디고 완벽하게 만들어주려는 부모가 있다. 그런 행동은 아이에게 도움이 되지 않고 오히려 해롭다. 엉성하면 엉성한 대로 아이가 해낸 것이 지금의 아이로선 최선이다. 부모의 과도한 개입은 '네가 한 것은 별 볼 일 없는 수준이야'라는 메시지를 던지게 된다. 아이를 위축되게 만든다. 거들더라도 도와준 티를 내지 말아야 한다. 아이가 해낸 것처럼 공을 돌려야 한다. 그래야 아이는 신이 나서 또다시 새로운 시도를 한다. 그렇게 조금씩 발전하며 성장한다.

놀이와 자기 조절 능력

스탠퍼드대학의 월터 미셸Walter Mischel 교수가 주도한 마시멜로 실험은 널리 알려져 있다. 이 실험은 마시멜로를 아이들 앞에 두는 것에서 시작한다. 교사가 밖으로 나가며 아이들에게 돌아올 때까지 먹지 않고 기다리면 마시멜로를 하나 더 주겠다고 약속한다. 교사가 나가면 아이들은 갈등한다. '보는 사람도 없는데 하나 꺼내 먹을까? 그러면 선생님 지시를 어기는 것인데.' 아이들은 조금 참고 나서 떳떳하게 더 많은 마시멜로를 먹고 싶기도 하고, 지금 당장 마시멜로의 달콤함을 느끼고도 싶다.

교사가 들어오지 않는 몇 분간 아이들은 두 그룹으로 나뉜다. 어떤 아이들은 그냥 마시멜로를 먹어버리고, 어떤 아이들은 기다린다. 여기까지 실험이 진행되지만 진짜 연구는 이제부터다. 연구자들은 두 그룹의 아이들을 장기간에 걸쳐 추적 관찰했다. 놀랍게도 마시멜로를 먹지 않고 기다린 아이들과 기다리지 않고 바로 먹은 아이들은 성장 과정에서 상당한 차이를 보였다. 참고 기다린 아이들은 청소년기에 문제 행동을 벌이는 경우가 적었고, 학업 성취도가 더 높았으며, 대학에 입학하는 비율도 높았다. 여기서 더 나가 성인기의 직업 적응도와 연봉에서도 차이가 난다는 사실이 밝혀졌다. 유아기에 보여주는 참을성의 차이로 아이의 미래를 예측할 수 있다니. 정말 놀라운 결과였다.

이후 여러 연구가 뒤따랐다. 핵심적인 질문은 이것이다. "왜 어떤 아이는 참는데, 어떤 아이는 참지 못하는가?" "잘 참는 아이는 참지 못하는 아이와 어떻게 다른가?"

2013년 로체스터대학의 홀리 팔메리Holly Palmeri와 리처드 애슬린Richard Aslin의 연구에서는 비슷한 실험을 하며 기다린 아이에게 확실하게 보상하는 것을 먼저 보여주었다. 그 결과 이어진 실험에서 기다림을 선택하는 아이가 늘어났다. 반대로 약속한 보상을 제대로 하지 않고 넘어가는 모습을 보여주자 다음 실험에서 다수의 아이가 기다림을 포기했다. 더 나아가 팔메리와 애슬린은 안정적인 관계를 맺으며 자란 아이일수록 약속이 지켜질 것을 믿고 좀 더 오래 기다리는 경향이 있다고 분석했다. 결국 아이의 기다림을 결정하는 것은 이전까지 아이가 갖고 있던 어른에 대한 신뢰도다. 아이의 충동적 기질이 전부가 아니다. 약속을 잘 지키는 부모를 통해 믿을 수 있는 안정적 관계를 맺어온 아이들은 실험 상황에서 잘 기다렸고 장기적으로 성공 가능성이 높았다. 반대로 부모와의 관계에서 신뢰를 쌓지 못한 아이들은 실험에서 기다리지 못했고 장기적인 성공 가능성도 낮았다. 아이의 기질이 중요한 것이 아니라 양육 환경이 중요하다는 것을 보여주는 연구다.

다른 연구에서는 유혹을 견뎌낸 아이들이 사용한 다양한 전략에 주목했다. 잘 참아낸 아이들은 참기 위해 자기만의 전략을 사용하는 경우가 많았다. 딴생각하기, 다른 관심사에 주목하기, 다음에 일어날 일을 상상하면서 예측하기 등의 방법을 사용해 유혹을 견뎌냈다. 참아내는 것이 자신에게 도움이 된다는 것을 알고, 더 잘 참는 데 도움이 되는 방법을 스스로 습득해 이용할 줄 아는 아이들이 결국 참아낸다. 그렇다면 아이에게 유혹을 견디고 참기 위한 전략을 가르치고 연습시키는 것은 도움이 될까? 부모가 유도하면 아이는 기꺼이 훈련을 받을까?

서너 살 먹은 아이에게 무언가를 가르쳐본 사람은 그런 교육이 쉽지 않다는 것쯤은 잘 안다. 부모가 네 인생을 위한 중요한 교육이라며 애써봐야 아이는 그만 좀 괴롭히라고 울상을 짓거나 짜증을 부릴 것이다. 하지만 놀이는 다르다. 아이는 놀이할 때는 스스로 참으려 노력한다. 그래야 더 재미있기 때문이다. 숨바꼭질을 예로 들어보자. 숨바꼭질은 기다림의 놀이다. 술래가 찾기 전까지 숨소리도 내지 말고 기다려야 한다. 숨어 있다 보면 지루할 수 있지만 적당한 때까지 기다리지 않으면 자신이 술래가 된다. 유아와 숨바꼭질을 하면 아이가 얼마나 기다림에 약한지 알 수 있다. 술래가 되어 아이를 숨게 한 후 조금만 놔두면 아이는 스스로 나타난다. "나 여기 숨어 있는데" 하며 자기를 드러낸다. 하지만 아이는 조금씩 숨은 채 더 오래 참게 된다. 술래가 되고 싶지 않아서, 놀이에서 이기기 위해 누가 시키지 않아도 참는 연습을 한다.

다른 놀이도 마찬가지다. '무궁화꽃이 피었습니다'에서도 빨리 움직이고 싶은 마음을 참아내야 한다. 모든 놀이에는 순서가 있다. 상대가 마칠 때까지, 내 순서가 올 때까지 기다려야 한다. 기다리지 못하면 게임에 참여할 수 없다. 소꿉놀이 같은 역할 놀이를 할 때도 마찬가지다. 상대가 자기 역할을 할 때는 기다리며 들어야 한다. 자신만 말하려고 하거나 자기 혼자 주인공이 되려고 하면 놀이에 끼기 어렵다. 함께 놀기 위해서는 참아야 한다.

혼자 놀 때도 기다림은 필요하다. 기차놀이를 하려면 참고서 기찻길을 만들어야 한다. 변신 로봇을 갖고 놀 때면 변신시키기 위해 조심스럽게 부품을 움직여 새로운 모양을 만들어야 한다. 블록 조립도 유아는 아직 손이 굼떠 뜻대로 되지 않는다. 그래도 참고 해야 한다. 부모에게 부탁해야 할 때도 있다. 그때도 부모가 해주기를 기다리는 수밖에 없다. 놀이는 기다림의 연속이다. 아이들은 즐거움을 위해 기다림을 연습하고, 욕구를 누르고, 자기 마음대로 하고 싶은 욕구를 참아낸다. 유아가 스스로 자기 조절력을 키울 수 있는 유일한 방법은 놀이다.

유치원 아이들을 대상으로 한 연구를 보면 자유 놀이 시간을 한 시간 늘리면 아이들 사이의 갈등이 감소한다는 결과가 있다. 인지적인 과제를 해야 움직임이 적어져 아이들 사이의 충돌도 줄어들 것이라 예상하지만 결과는 정반대다. 자유 놀이 시간이 많은 유치원의 아이들이 덜 싸운다. 관계도 더 좋다. 자유 놀이는 아이들의 불필요한 스트레스를 줄여준다. 또 다른 아이에 대한 이해를 깊게 한다. 함께 놀기 위해 자신의 감정과 욕구를 절제하도록 돕는다. 절제는 강요받으면 자라지 않는다. 스스로 원해서 참아야 절제 능력이 성장한다. 그렇게 절제 능력이 잘 발달하면 아이의 성공

가능성도 높아질 수 있다. 놀이의 중요한 효과다.

놀이와 정서 발달

아이가 노는 것을 옆에서 관찰해본 사람은 알 것이다. 아이들은 놀이에서 자신에게 의미 있는 순간을 반복한다. 병원에서 보낸 시간을 돌이켜 의사가 되기도 하고 유치원 선생님이 되어 아이들을 가르치기도 한다. 예전에 어떤 엄마가 들려준 이야기다. 큰애가 베란다에서 동생을 야단치는 것 같아 창을 열고 물었단다. 왜 동생을 괴롭히냐고. 그랬더니 둘이 빤히 엄마를 보며 답했다고 한다. "아냐, 엄마. 우리 소꿉놀이하고 있어. 언니가 엄마고 내가 아가야."

아이는 놀이를 통해 삶을 재현한다. 자신이 강하게 경험한 감정을 돌이켜 소화하려 든다. 어른과 마찬가지다. 어른은 놀이로 풀지 않고 그저 반복해서 생각함으로써 감정을 처리한다. 아이는 실체나 움직임 없이 생각을 길게 끌고 가는 힘이 취약하다. 그래서 놀이가 필요하다. 상징을 사용해 재현하고 변주하며 그 순간의 감정을 처리하려 든다. 단순히 강렬한 감정을 소화하고 처리하는 것이 아니다. 재현을 통해 다른 사람의 감정을 생각할 기회를 갖기도 하고, 상상과 마법을 동원해 다른 결과로 이끌어 자신을 위로한다. 놀이하며 새로운 해결책을 모색하기도 하고 부모나 선생님 역할을 스스로 해내며 관계를 회복하기도 한다.

놀이가 갖는 이런 기능을 활용하는 것이 놀이 치료다. 아이는 소화하기 어려운 감정을 놀이에서 드러내고, 스스로 해결책을 찾고, 주변과 화해하는 과정을 거친다. 아이의 심리적 불편감을 해소하고 정서 발달을 촉진하는 데 놀이는 매우 중요한 역할을 한다. 만약 놀이가 없다면 아이는 내면을 압도하는 감정을 처리하고 소화하기 어렵다. 감정에 압도된 아이는 모든 감정을 느끼지 않으려 든다. 작은 일도 회피한다. 짜증을 내며 피하기도 하고, 위축되어 무기력한 모습을 보일 수도 있다. 새로운 일을 하거나, 새로운 사람을 만나는 것이 어떤 감정을 불러일으킬지 모르기에 거부한다. 두 얼굴의 사나이처럼 안정적이고 익숙한 곳과 그렇지 않은 곳에서 보이는 행동이 너무나 다르다.

정서 발달은 자신의 감정을 이해하고 언어로 표현할 수 있는 능력, 자신의 불편한 감정을 처리하는 능력, 타인의 감정을 이해하고 읽어낼 수 있는 능력, 타인에게 공감하는 능력이 성장하는 것이다. 이런 능력을 발달시키는 데 놀이만

한 것은 없다. 아이가 특정 상황을 한 번 경험했다고 그때 올라온 감정을 정확하게 알 수 있는 것은 아니다. 놀이에서 같은 상황을 여러 번 재현하면서 그 감정을 제대로 이해하게 된다. 그때 아이 곁에 있는 사람이 언어로 읽어주면 아이는 자기 감정을 표현하는 언어를 갖게 된다. 뭔가 기분이 안 좋았을 때 느낀 감정의 이름을 알게 된다. 서운함인지, 억울함인지, 아니면 아쉬움인지 알게 된다. 자신의 내면에 올라온 감정을 정확히 알고 이름을 붙일 수 있어야 아이는 타인에게 자기 감정을 전달할 수 있고 불편한 감정을 내면에서 소화하는 방법을 찾을 수 있다.

타인의 감정을 이해하는 것도 마찬가지다. 실제 일이 벌어졌을 때는 감정을 차분히 이해하기가 어렵다. 상황에 압도되기 쉽다. 아이들은 어쩔 줄 모르면 그냥 울어버린다. 자신이 잘못하고도 먼저 우는 경우도 많다. 그 상황을 나중에 놀이로 재현할 때는 다르다. 놀이는 실제 상황이 아니기에 찬찬히 들여다볼 수 있다. 상대의 말을 들을 여유도 생기고, 자신이 상대의 역할을 하며 감정을 이해할 수도 있다. 이런 과정을 통해 아이는 공감 능력을 키울 수 있다. 다른 사람과 함께하는 역할 놀이는 아이의 정서 발달에 결정적인 역할을 한다. 현실은 아이가 다루기에는 너무 날카롭고 묵직하다. 놀이로 몇 번 다뤄줘야 아이가 소화할 수 있다. 놀이로 다루지 않으면 아이의 감정은 계속 여린 채로 남는다. 미숙해서 자기 감정도 다루지 못하고, 다른 사람의 감정도 잘 이해하지 못할 수 있다.

놀이와 사회성 발달

혼자 노는 것도 재미있지만 역시 같이 노는 것이 더 즐겁다. 같이 놀면 혼자서는 할 수 없는 놀이를 할 수 있다. 자기가 못하는 것도 배울 수 있고, 생각하지 못했던 것을 알게 된다. 사람이란 상대의 피드백을 즐기는 존재다. 자신의 행동에 대해 상대방이 긍정적으로 반응할 때 느끼는 기쁨이 있다. 놀이에서 느끼는 기쁨 중 중요한 부분이다. 상대와 반응을 주고받다 보면 서로 가까워진 기분이 드는데, 그때 느끼는 안정감과 소속감도 긍정적인 감정이다.

　세 돌에서 다섯 돌까지 아이의 놀이와 사회성은 급격히 발전한다. 30개월 무렵이면 아이는 또래나 손위 형제와 같이 논다. 하지만 아직은 그저 곁에서 놀 뿐 함께 논다고 말하기 어렵다. 이 시기 아이들의 놀이를 병행 놀이parallel play

라고 한다. 서로 가까이 있으면서 각자의 놀이를 하는 셈이다. 지켜보면 물건을 주고받거나 말을 나누기도 하지만 아주 짧다. 그저 각자 자신의 놀이에 집중한다.

42개월 무렵이 되면 연합 놀이associative play가 출현한다. 곁에 있을 뿐 각자 놀던 시간이 지나고 같은 놀이를 함께한다. 예전에는 점토를 갖고 각자 만들고 싶은 것을 만들었다면 이제 함께 하나의 물건을 만들거나 각자 만든 물건을 같이 배치하는 식이다. 이야기도 나누고 물건을 주고받는다. 아직 역할을 나눈다거나 함께 스토리를 만들어갈 정도는 아니다. 이 무렵의 아이는 뛰어노는 것을 좋아하는데 명확하게 술래가 존재하지 않는다. 번갈아가면서 서로 치고 도망가고 그러다 함께 뛰기도 한다.

54개월 무렵이 되면 가장 높은 놀이 단계에 도달한다. 협동 놀이cooperative play다. 아이들은 역할을 나누어 놀이를 만들어간다. 소꿉놀이, 병원 놀이처럼 간단한 놀이부터 더 많은 아이가 참여하는 놀이까지 더욱 복잡하고 정교해진다. 네 돌이 지나면서 아이의 상상력이 크게 발전하기에 아이들은 갖가지 상상을 통해 이야기를 이끌어간다. 아이들의 놀이에는 현실과 현실 아닌 것이 공존하는데 이렇게 복잡해진 놀이를 여럿이 같이할 수 있을 정도로 의사소통 기술이나 상대의 의도를 파악하는 능력이 발전한다. 신체 놀이에선 술래가 생긴다. 술래와 술래가 아닌 사람이 확실하게 나뉘고 함께 정한 규칙에 따라 술래가 바뀐다.

이처럼 놀이가 진화할 수 있는 것은 아이들의 의사소통 능력과 상호작용 능력이 성장했기 때문이다. 역으로 더 잘 놀기 위해, 더 즐겁기 위해 아이들은 의사소통 능력과 상호작용 능력을 발전시킨다. 상대의 의도를 파악하고, 내 의도를 전달하고, 약속을 만들고 지킨다. 아직은 뭐든 내 마음대로 하고 싶지만 그래서는 놀이가 이뤄지지 않는다. 내가 하고 싶은 것을 조금 참고 상대에게 맞춰줘야 한다. 규칙을 지키는 것이 답답하고, 때로는 괴롭지만 받아들인다. 다른 아이들과 함께 규칙을 만들기도 한다.

다른 사람과 같이 놀 기회가 주어지지 않은 아이는 사회성 발달이 늦어진다. 상대의 생각이나 감정을 이해하는 것을 어려워하고, 규칙을 이해하지 못하고, 그러다 보니 지키지도 않는다. 놀이에서 갈등이 생기기 쉬워 혼자 놀게 된다. 사회성 발달은 더욱 늦어진다. 악순환이 계속되는 것이다.

아이들이 함께 놀다 보면 갈등은 불가피하다. 일부 부모나 유아 교육기관에선 갈등이나 충돌을 없애려고 서로 부딪칠 일을 아예 없애려 한다. 신체 놀이를 할 때 친구의 몸을 건드리지 말라고 하고 갈등이 생기면 같이 못 놀게 한다. 그러나 가장 발달한 영장류 중 하나인 보노보원숭이를 대상으로 한 실험을 보면 걱정이 되지 않을 수 없다. 어렸을 때 또래 원숭이들과 함께 껴안거나 뒹구는 활동을 차단당한 원숭이는 성인기가 되어도 짝짓기를 하지 못한다. 성별이 같은 원숭이와도 잘 어울리지 않고 혼자 고립된 생활을 하려 든다.

아이들은 미숙하기에 함께 놀다 보면 당연히 문제가 생긴다. 서로의 의견 차이를 조정하는 것이 아직은 어렵다. 감정을 절제하는 것도 취약하다. 사회성 발달 정도도 개인차가 커서 서로 이해하지 못하는 상황도 흔히 생긴다. 그럼에도 아이는 함께 놀아야 한다. 그래야 미숙한 사회성이 성숙할 기회를 얻고, 다른 사람 대하는 것을 회피하지 않고 다가갈 수 있다. 아이를 키우면서 문제를 없애는 것에만 집중하다가는 자칫 아이를, 아이의 영혼을 없앨 수 있다. 부모에겐 피곤하고 걱정스러운 일이지만 아이는 문제를 일으키며 자라야 한다. 문제를 일으키고, 해결책을 배우고, 함께 놀이하며 실천해보는 것. 아이들이 커가는 과정이다.

놀이의 장점을 정리하다 보면 끝이 없다. 놀이는 유아의 인지능력을 발달시키는 데 결정적인 역할을 한다. 자기 주도적인 태도를 키우고 자기 조절 능력을 만들어준다. 정서 안정에도 기여하고 자신이나 타인의 감정을 이해하는 데 도움이 된다. 또래와 함께 놀면 더 즐겁기에 아이는 스스로 눈치를 키우고 사회적 기술을 익힌다.

앞에서 다룬 내용이 전부가 아니다. 아이는 신나게 뛰어 놀며 운동 능력을 키운다. 소근육을 통한 미세 조절 기능을 익히는 데도 놀이만 한 것이 없다. 블록을 끼우고 점토를 만지며 아이는 조작 능력을 발전시킨다. 상상력을 키우는 데도, 창의성을 발전시키는 데도 놀이의 역할은 결정적이다. 즐겁게 놀기 위해, 새롭게 놀기 위해, 놀이를 이어가기 위해 아이는 놀이를 변형하고 자신을 바꾼다. 이 모든 것이 놀이가 아이에게 주는 선물이다. 정말로 유아에게는 놀이가 전부다. 유아에게 필요한 단 한 가지가 있다면 바로 놀이다.

3
아이와 어떻게 놀아야 할까?

그렇다면 아이와 어떻게 놀아야 할까? 놀이가 중요하다는 것은 알겠는데, 아이와 놀아주려면 너무나 막막하다는 부모들이 적지 않다. 전문가 관점에선 전혀 어려운 일이 아닌데, 부모들은 부담이 크다. 먼저 안심하도록 이야기를 하자면, 전문가 역시 아이와의 놀이가 마냥 즐거운 것은 아니다. 어른의 처지에서 놀이는 놀아주는 경우가 많다. 내가 좋아하는 것을 즐기는 일은 아니다. 아이와의 놀이보다 더 재미있는 일은 얼마든지 있다. 아이와 노는 것이 괴롭다고 이상한 부모, 부족한 부모는 아니다.

놀아주기는 힘들지만 아이에게 놀이는 꼭 필요하다. 부모에게도 중요하다. 지금 아이와 놀지 않는다면 잃을 것이 많다. 아이의 발전을 제대로 돕지 못한다는 점이 전부는 아니다. 아이와 놀지 않으면 아이와 친밀한 관계를 맺기 어렵다. 사람은 누구나 내가 필요한 일을 해주는 사람을 좋아한다. 물론 부모는 아이에게 배고픔을 달랠 밥을 주고, 필요한 돌봄을 제공한다. 아이가 필요한 일, 바라는 일을 해준다. 그래서 아이는 부모에게 의지하고 부모를 좋아한다. 하지만 여기서 한발 더 관계를 진전시키기 위해서는 놀이가 꼭 필요하다.

인간은 기본적인 욕구만 충족되었다고 만족하지 않는다. 생존 욕구가 어느 정도 해결되면 아이는 더 발전하고 싶은 욕구를 갖는다. 못하는 것을 하고 싶고, 더 많은 것을 해내고 싶어 한다. 즐거움의 욕구도 있다. 기쁘고 재미있고 싶어한다. 놀이는 이런 아이의 욕구를 채울 수 있는 유일한 방법이다. 또 아이는 자신과 함께 논 사람을 잊지 못한다. 너무나 소중한 존재이고 계속 같이 있고 싶어 한다. 함께 놀이를 하는 순간 아이와 부모 사이에는 보이지 않는 황금 거미줄이 계속 나와 엮인다. 황금 거미줄로 서로 묶인 사이는 서로가 서로에게 깊이 끌린다. 오랜 시간이 지나도 연결은 단단하다.

아이가 어릴 때는 부모가 놀아주느라 힘들지 모르지만, 그 시간은 결국 아이가 아닌 부모에게 더 소중한 시간이 된다. 세월이 가면 아이는 성인이 되고 부모는 노인이 된다. 그때 아이와 어떤 관계를 맺고 있을까? 어린 시절에 가깝지 않았다 하더라도 나중에 가까워지는 것도 물론 가능하다. 인생이란 언제든 정성과 시간을 들이면 돌이킬 수 있으니까. 하지만 시간이 지난 후 관계를 개선하려면 더 많은 노력이 필요하다.

이런 얘기를 하는 사람을 종종 만난다. 부모님이 나를 위해 고생하신 것도 알고, 고마운 마음도 있는데 왠지 가깝게 느껴지지 않는다고, 같이 있으면 마땅히 할 것이 없고 조금 불편할 때도 있다고. 어린 시절 함께 놀며 관계를 맺지 않았다면 깊은 친밀감은 만들기 어렵다. 좋은 사람과 마음이 저절로 열리는 사람은 다르다. 참 괜찮다고 생각하지만 가까워지기엔 마음이 편치 않은 사람이 있고, 이런저런 문제가 있다는 것을 알면서도 같이 있으면 편한 사람이 있다. 이것이 친밀감이고, 친밀감을 느끼려면 함께 즐거운 경험을 한 시간이 필요하다.

다시 돌아와서, 그렇다면 아이와 어떻게 놀아야 할까? 전문가들은 왜 아이와 노는 일이 어렵지 않다는 것일까? 그저 아이를 따라가면 되기 때문이다. 애써 뭔가를 하려 들지 않고 곁에서 아이가 하는 놀이를 적당히 따라가면 된다. 물론 딴짓을 하면 곤란하다. 아이가 노는데 옆에서 핸드폰을 힐끗거리면 아이도 다 안다. 부모가 자신에게 집중하지 않고 있다는 것을. 그러면 아이는 부모를 놀이에 끌어들이려 더 떼를 쓰거나 놀이를 멈춘다. 그리고 자신도 놀이에 흥미를 잃는다. 놀이를 멈춘 아이는 돌보기 더 힘들다. 달라붙고 귀찮게 군다. 놀면 스스로 뭔가 하느라 부모에게서 조금 떨어지는데, 놀지 않으면 더 치댄다.

물론 어떤 아이는 어떻게 놀아야 할지 모른다. 그냥 자기 몸을 자극하는 단순한 활동만 하고, 부모에게 달라붙으려 든다. 장난감도 어떻게 갖고 노는지 모르고 흥미도 없다. 그럴 때는 부모가 놀이를 주도해야 한다. 아이가 된 듯 어린 시절로 돌아가 먼저 장난감을 갖고 논다. 아이에게 해보라고 줄 필요는 없다. 부모가 먼저 놀면 아이는 흥미를 보인다. 그러면 아이에게 넘겨주면 된다. 아이가 갖고 놀면 반응을 크게 하고 맞장구를 친다. 옆에서 다른 장난감을 갖고 같이 놀기도 한다. 살짝 끼어들기도 하고, 방해도 한다. 옆에서 아이 놀이에 맞춰 가볍게 논다.

스스로 상상력을 발휘해 멋진 이야기를 만들 필요는 없다. 이렇게 놀면 더 재미있다고 아이를 끌어들일 필요도 없다. 놀이는 아이가 주도하고 부모는 뒤에서 따라가야 한다. 앞에서 아이를 이끄는 것은 아이가 전혀 놀지 못할 때다. 아이가 놀기 시작하면 부모는 따라간다. 아이가 이끌어갈 힘이 빠졌을 때만 살짝 나서서 놀이를 이어가고 다시 아이에게 주도권을 넘겨야 한다. 아이의 놀이가 말이 되든 안 되든, 맥락이 있든 없든 그냥 아이에게 맡긴다. 지금 그 모습이 아이의 놀이 수준이고 아이는 그 수준에서 계속 발전할 것이다. 지금의 모습으로 아이를 평가할 필요는 없다. 준비가 안 된 아이를 부모가 억지로 끌어올려서는 곤란하다. 유치하게, 단순하게, 너무나 재미없게 놀고 있다고 해도 괜찮다. 그 지점부터 아이가 발달해야 한다.

물론 아이가 지나치게 단순한 놀이만 반복한다면 가끔은 부모가 주도해서 신체 놀이나 게임을 함께하는 것도 좋다. 이때도 아이가 흥미를 갖지 못하면 바로 멈춘다. 어떤 놀이인지 이해하지 못하면 아이는 흥미를 갖지 못한다. 그럴 때 계속 강요하면 아이는 더는 놀이라고 생각하지 않는다. 게임이나 신체 놀이는 관련 서적도 많고 인터넷 정보도 많다. 책 한두 권은 사두자. 참고해서 이벤트처럼 가끔 시도하면 같이 즐길 수 있다. 놀이가 풍성해지고, 관계도 좋아진다. 다만 이런 놀이가 중심이 되어서는 안 된다. 이런 놀이는 가끔 하고 평소에는 아이가 주도해서 놀게 해야 한다. 부모가 아닌 아이가 주도하는 자유 놀이가 놀이의 중심이어야 한다. 부모가 주도하면 아이의 자율성이 성장하지 못한다.

아이와 놀 때 하지 말아야 할 네 가지

아이와의 놀이에서 꼭 피해야 하는 네 가지가 있다. 하나씩 정리해보자.

첫째, "안 돼"라는 말을 피해야 한다. "안 돼"는 놀이의 흐름을 끊는다. 놀이에서 몰입은 중요하다. 몰입해야 놀이도 아이도 도약과 발전을 이룰 수 있다. 부모가 "안 돼"라고 말하는 순간 아이의 몰입은 중단된다. 부모가 자주 "안 돼"라고 말하면 아이는 놀이에서 흥미를 잃고 뒤로 물러난다. 심한 경우 부모와의 놀이를 회피할 수 있다.

물론 부모가 괜히 "안 돼"를 외치는 것은 아니다. 아이가 잘못된 행동이나 위험한 행동을 하기 때문이다. 가령 아이가 집에서 조금 위험해 보이는 미끄럼틀을 혼자 타려고 한다면 어떨까? 위험하다고 못 타게 하기보다는 밑에 두꺼운 이불을 깔아준다거나, 위험한 물건을 치워 아이가 탈 수 있는 조건을 만들어주는 편이 낫다. 만약 정말 위험하다고 판단한다면 아예 미끄럼틀을 치워버려야 한다. 그대로 놔두고 "안 돼"를 반복해 부모가 놀이의 방해꾼이 되어선 곤란하다.

어떤 경우는 "안 돼"가 불가피하다. 아이가 다른 사람을 공격하거나 자신을 다치게 한다면 말리지 않을 수 없다. 하지만 이 경우에도 왜 아이가 그런 행동을 하는지 따져봐야 한다. 그래서 위험한 행동을 하지 않도록 미리 이끌어야 한다. 대안적인 행동을 제시해 위험한 행동을 하지 않도록 유도해야 한다. 가끔은 아이가 "안 돼"라는 부모의 말을 놀이의 일부로 생각할 때도 있다. 부모가 평소에는 거의 반응이 없을 때 이런 현상이 나타난다. 아이는 부모의 반응이 소중하다. 그래서 위험한 행동을 해서라도 부모의 반응, 즉 "안 돼"라는 말을 끌어내려 한다. 이 경우라면 평소에 부모가 다른 반응을 좀 더 적극적으로 보여줘야 한다. 그래야 아이도 위험한 행동을 멈춘다.

둘째, 아이를 무시하는 말과 행동은 피해야 한다. 이런 말은 아빠들이 많이 한다. 예를 들어 공차기를 하고 놀 때 아빠들은 아이에게 이렇게 말하곤 한다. "아니 그것밖에 못 차? 이게 뭐야. 아빠 아들이 말이야." 아이는 당연히 못 찰 수 있다. 그렇더라도 흉보는 말보다는 "잘했어" "아들, 우리 한 번 더 차볼까? 한 번 더 차면 완전 잘 차겠는데"처럼 용기와 희망을 북돋아주는 말을 해야 한다. 기분 나쁠 만한 말, 놀리거나 약 올리는 말은 놀이를 방해한다. 아이와의 관계에도 생채기를 낸다. 심하게는 아이의 자존감에도 부정적인 영향을 미친다.

아이에게 잘난 체를 해서 뭐 하겠는가? 그렇게까지 해서 자존감을 높이고 싶은 것은 아닐 터다. 물론 조금 더 잘해보라는 뜻에서 자극을 주는 경우도 있을 것이다. 하지만 지금은 놀이를 하고 있다. 즐거움이 있어야 놀이가 이어진다. 가장 큰 문제는 부모에게 놀림당한 아이는 나중에 유치원이나 학교에 가서 친구들을 똑같이 놀릴 수 있다는 것이다. 부모에게 배운 대로 하는 셈이다. 그러면 싸움이 날 수 있고 친구 관계에 문제가 생긴다. 자신에게 부정적인 자극을 주는 친구를 좋아하는 아이는 없으니까.

셋째, 지시하지 말아야 한다. 앞에서도 여러 번 이야기했지만, 놀이의 주인은 아이지 부모가 아니다. 가끔 아이를 자신의 보조처럼 생각하는 부모를 본다. 처음부터 그렇지는 않지만 아이가 소극적일 때, 또는 부모가 너무 의욕이 넘치고 놀이에 과몰입할 때 그런 일이 벌어진다. 블록을 만드는데 몰입해서 아이를 조수처럼 부리고, 같이 그림 그리면서 놀다가 노란색으로 색칠 좀 해보라고 시킨다. 좀 더 그럴듯한 결과물이 나올 수는 있겠지만 아이에게 결과물은 그리 중요하지 않다. 어쩌면 결과물이 좋으면 좋을수록 아이에게는 해로울 수 있다. 아이가 경험한 결과물이 혼자서는 해낼 수 없는 수준이라면 아이는 자기 혼자 무언가를 시도할 엄두를 내지 않을 수 있다. 그것이 부모의 바람은 아닐 것이다.

역할 놀이를 할 때도 부모가 주도하는 경우가 있다. 소꿉놀이에서 엄마는 엄마 역할을 하고, 아이는 아이 역할을 한다. 아이가 엉뚱한 방향으로 이야기를 이끌면 부모는 그건 말이 안 된다며 이렇게 하자고 방향을 잡아줄 때가 있다. 아이에게 놀이는 말이 되는 이야기를 만드는 것이 아니다. 현실의 묘사가 아니다. 말이 안 되는 이야기가 더 중요하다. 자신만의 해결책을 상상하고, 이야기를 자기 마음대로 비틀어 마음의 평화를 얻으려 한다. 그런 소중한 시간을 부모가 빼앗으면 곤란하다. 아이에게 계속 보조 역할을 시키면 아이는 부모와 노는 것에 곧 흥미를 잃는다.

부모에게 어려운 일을 부탁하는 것은 아니다. 놀 때 옆에서 아이가 시키는 것만 하면 된다. 이거 하라면 그걸 하면 되고 아무것도 시키지 않으면 그냥 지켜만 봐도 된다. 한발 뒤에서 아이를 따라가는 것. 아이와 놀이할 때 가장 좋은 부모의 자세다.

넷째, 교육하지 말아야 한다. 놀이가 아이의 인지 발달에 도움이 된다고 하니 놀이를 교육과 연결 짓는 부모가 많다. 이왕 노는 것 가르치면서 놀면 좋지 않겠느냐고 생각한다. 뭐라도 하나 더 배우면 좋지, 그냥 놀기만 하면 뭐 하겠느냐고 생각한다. 아이를 가르치는 행위가 놀이의 흐름을 끊지 않는다면 그래도 괜찮다. 하지만 부모의 교육적 태도가 놀이의 맥을 끊는 일이 많다. 신나게 뻗어나가는 아이의 상상력을 가로막고, 부모에 대한 반감을 갖게 한다. 생각해보자. 오랜만의 회사 회식. 눈앞에 소갈비가 익어가는데 계속 뭔가 가르치려 드는 상사가 있다면 어떨까?

놀이에선 놀이가 중요하다. 교육은 따로 하면 된다. 놀이가 한창 뻗어나갈 때 말고 그냥 대화할 때 말해주면 된다. 정보를 전달하고 지식을 알려주는 것은 나쁘지 않다. 다만 적절한 때 해야 한다. 신나게 놀 때는 가르칠 때가 아니다. 아이가 놀면서 기린을 공룡이라 말했다고 하자. 부모가 이렇게 지적한다면 어떨까? "그건 아니지. 이건 공룡이 아니라 기린이지." 아이는 공룡이 한 마리 더 필요해서 기린을 갖고 와 공룡이라 했는데, 부모는 아이의 상상력을 싹둑 잘라먹은 셈이다. 그럴 때는 이렇게 해보자. "와, 공룡이다. 기린오사우루스인가 보다." 코뿔소 인형까지 갖고 오면 이번엔 코뿔소노사우루스라고 말해준다. 놀이는 이어지고 아이는 더 즐거워한다. 부모는 놀이의 흐름을 끊기보다 상상력에 살을 붙여줘야 한다. 그래야 아이가 놀이 속에서 더 크게 자란다.

아이와 놀이할 때 해야 할 네 가지

하지 말아야 할 네 가지를 정리해봤으니 이제는 아이와 놀이할 때 해야 할 네 가지를 정리해보자.

첫째, 유아에게는 큰 반응이 필요하다. 예능 프로그램 사회자에게 가장 중요한 능력은 게스트에게 반응을 잘해주는 것이라 한다. 놀이에서도 마찬가지다. 아이의 행동에 보이는 반응이 아이가 느끼는 놀이의 즐거움을 결정한다. 큰 목소리로, 뚜렷한 표정으로, 약간은 호들갑스럽게 반응하는 편이 좋다. 유아는 감각이 둔하다. 반응이 뚜렷해야 상황을 정확히 파악하고 부모의 감정을 느낄 수 있다. 가볍게 말로만 하면 부모가 어떤 느낌인지 알아채지 못할 수 있다.

게다가 아이는 크고 분명하게 반응하면 즐거워한다. 부모가 큰 목소리로 약간 호들갑스럽게 반응하면 아이는 저절로 흥분한다. 이유도 모르고 신나 한다. 자신이 부모를 움직였다는 생각에 기분이 좋아지는 것이다. 그러니 일단 반응은 크게 하라. 그것만으로도 분위기를 띄울 수 있다. 아주 단순한 놀이를 해도 부모가 신나는 목소리로 크게 반응해주면 아이는 움직임이 커진다. 표정도 밝아진다. 큰 목소리나 과장된 반응이 성격에 맞지 않는 부모라도 아이가 어릴 때는 연극하듯 해보자. 놀이가 한결 쉬워진다. 초등학교 3학년 정도 되면 그런 반응이 필요 없으니 그때까지만 노력해보자.

둘째, 적극적으로 참여해야 한다. 놀이를 주도하지 말고 아이 뒤에서 한발 늦게 따라가도록 권하지만 그렇다고 소극적이어선 곤란하다. 아이와의 놀이가 재미없는 순간도 많겠지만 그래도 재미있는 듯 적극적으로 응할 때 놀이는 성공한다. 가끔은 부모들에게 이렇게 조언한다. "스스로를 좀 속여보세요. 아주 재미있다고."

물론 정말 재미를 느끼는 부모라면 더할 나위 없다. 그런 부모들이 정말 있다. 아이와 놀면서 그 순간이 정말 즐겁고, 재미있다는 부모. 하루의 스트레스가 다 풀린다면서 놀이 시간이 기다려진다는 부모도 있다. 아이에겐 정말 행운이다. 아이는 부모와 최고의 놀이를 만들어가고, 많은 것을 얻을 것이다. 최소한 삶을 이끌어갈 자신감은 분명히 얻을 것이다. 자신과 놀며 늘 즐거운 표정을 짓는 부모를 보며 자라난 아이는 스스로에 대해 강한 믿음을 가지게 된다. 함께 적극적으로 놀다 보니 아이의 놀이 수준이 몇 배 더 높아지는 것은 그에 비하면 그저 덤이라 할 수 있다.

셋째, 아이를 따라가는 놀이를 해야 한다. 아이가 놀이 규칙을 만들면 거기에 따르자. 규칙이 조금 엉성해도 따르고 함께하는 것이 좋다. 규칙을 갖고 부당하다느니, 그렇게 해선 재미가 없다느니 따지지 말자. 우선 아이가 정한 방식대로 따르고 그다음에 이야기하자. 아이에게도 이유가 있다.

놀이의 공정성이 우선이 아니고 아이가 뭘 원하는지 파악하는 것이 우선이다. 아이가 공정하지 않게 규칙을 정한 데도, 앞뒤가 맞지 않게 놀이를 이끌어가는 데도 다 나름의 이유가 숨어 있다. 부모는 아이가 바라는 대로 일단 따르자. 그러면서 숨겨진 이유를 파악하려 노력해보자. 처음부터 이건 아니라며, 말이 안 된다며 막아설 필요는 없다. 그래서는 아이 마음을 읽을 기회를 얻지 못한다. 올바른 규칙, 제대로 된 논리적 전개는 아이 마음을 이해하고 나서 제안해도 괜찮다.

넷째, 놀이하는 약속을 정해보자. 아이는 부모와 노는 시간이 그립다. 아무리 놀아도 만족스럽지 않다. 계속 더 놀고 싶다. 하지만 부모는 아이의 바람을 다 들어줄 수 없다. 현실적으로 시간이 나지 않는다. 그러다 보니 아이가 졸라도 이렇게 말하며 달랠 수밖에 없다. "다음에 또 놀자."

"다음에 놀자"라는 말보다는 구체적으로 시간을 정하는 것이 좋다. 물론 유아는 시간 개념이 아직 취약해 몇 시에 놀자는 말은 이해하지 못한다. "저녁밥 먹고 바로 놀자" "유치원 다녀와서 손 씻고 바로 놀자." 이렇게 말하면 이해한다. 매일 놀 수 없을 때는 요일을 정해서 놀아야 한다. 아이가 아직 요일을 정확하게 이해하지 못하겠지만 달력에 표시하고 하룻밤 자고 나면 논다고 말해준다. 그렇게 약속을 정하고 확실하게 지키면 아이는 부모를 믿는다. 지금 당장 놀아주지 않아도 부모를 믿고 다음을 기약할 수 있다.

부모 역시 약속을 정해야 지키기 쉽다. 정확하게 약속하지 않으면 우선순위에서 밀린다. 다음에 놀자고 말했는데 다음이 일주일 뒤가 되기도 한다. 그런 부모의 말을 아이가 믿기란 어려운 일이다. 믿지 못하니 부모가 다음에 또 놀자고 말해도 계속 떼를 쓴다. 지금 안 놀면 또 언제 놀지 모르니까. 지금 안 먹으면 언제 또 밥을 먹을지 모르는 상황이라

면 우리는 최대한 많이 먹으려 들 것이다. 그러니 놀이 약속
은 구체적으로 정하자. 날짜를 구체적으로 정했다면 부모의
일정표나 가족 달력에 꼭 표시해두자. 약속을 정했으면 반
드시 지키자. 그래야 아이는 부모를 믿고 길게 조르지 않는
다. 다음에 또 기회가 있다는 것을 믿어야 아이는 부모를 배
려한다. 육아가 편해지는 비결은 거기에 있다.

아이에게 장난감은 꼭 필요할까?

장난감이 있어야 아이는 잘 놀 수 있다. 장난감이 없다면 아
이는 자신에게 주어진 많은 시간을 심심해하며 제대로 채
우지 못할 것이다. 하루 종일 TV를 틀어준다면 아이들은 장
난감을 별로 찾지 않는다. 어떤 부모는 아이의 시간을 책과
공부로 채우고 싶어 하지만 그런 바람은 이뤄지지도 않고
이뤄져서도 안 된다. 장난감이야말로 아이들이 무언가를 배
우는 가장 좋은 방법이기 때문이다. 추상적인 사고가 불가
능한 아이들은 손으로 만지고 눈으로 확인할 수 있는 장난
감을 통해 사물을 배우고, 상상하고, 다른 행동을 연습할 수
있다. 눈으로 보고 귀로 들어 알 수 있지만 직접 자기 손으
로 조작하고 모방할 때 가장 오래 기억에 남는다. 몸이 행동

을 기억하기 때문이다.

그뿐만 아니다. 장난감은 아이의 상상을 도와주고 현실에서 할 수 없는 역할을 시도하게 한다. 불을 내뿜는 용을 갖고 날아가는 흉내를 낼 때 아이의 머릿속엔 한 편의 영화가 떠오른다. 이러한 상상력은 요즘 유행하는 '창의성'을 키워주기 위해 중요한 것만은 아니다. 아이가 어른의 삶을 이해하고 자기 행동의 대안을 모색하는 데도 상상력은 꼭 필요하다. 작은 인형과 모조품을 활용하는 소꿉놀이와 병원 놀이에서 아이는 부모 역할, 의사 역할을 미리 해본다. 그러면서 자신이 좀 더 자란 듯한 느낌을 얻고 역할을 모방한다. 부모와의 관계에서, 또는 병원과 학교에서 자신이 겪은 불안과 상처를 치유하고 뭔가 다른 대안을 찾아본다.

역할 놀이를 하면서 장난감의 도움을 받지 못한다면 아이의 상상은 길게 이어지기 어렵다. 아이의 주의력에는 한계가 있어 모든 것을 상상으로만 해야 한다면 놀이의 전개에 필요한 상상력이 부족해진다. 요리 재료 준비에 지나치게 많은 시간을 들이면 정작 요리를 할 힘이 다 빠지는 것과 마찬가지다. 예전 아이들은 상품으로 판매하는 장난감을 거의 갖지 못했지만 대신 실제 물건을 갖고 놀았고, 자연물을 통해 스스로 장난감을 만들기도 했다. 상상을 담아낼 상징적 도구는 예나 지금이나 필요하다.

상상을 통해 현실을 모방하고 다른 역할을 시도해보는 도구가 장난감이라면, 적절한 장난감은 어떤 것일까? 무엇보다 아이의 발달 수준에 맞는 장난감이다. 지금 아이가 갖고 놀 만한 장난감, 흥미를 느낄 만한 장난감을 주어야 한다. 조작법이 지나치게 어렵거나, 부모가 도와줘야 놀이가 가능한 장난감은 좋지 않다. 아이가 커가는 과정에서 지금 시기에 중요한 발달을 자극한다면 더없이 좋다.

만 3세라면 요리 놀이 장난감처럼 소근육 조작과 모방 욕구를 만족시키는 장난감이 좋다. 장난감 도마와 칼로 나무 과일을 자르는 놀이는 대근육인 어깨와 팔의 자르는 동작과 손으로 과일을 잡고 모으는 소근육 조작을 함께할 수 있다. 그러면서 이 무렵 아이에게 중요한 욕구인 엄마를 흉내 내고 싶은 마음, 자기 손으로 무언가 해내 인정받고 싶은 마음을 충족시키는 장난감이다. 청소기나 싱크대, 슈퍼마켓 놀이, 유모차와 아기 인형 등의 장난감이 같은 계통의 장난감이다.

조금 더 어렸을 때부터 갖고 놀던 음악 장난감도 유아기에는 꼭 필요하다. 작은북과 실로폰 등 두드리고 치면서 소리를 내는 장난감은 아이의 신체 활동을 촉진하고 감각을 자극한다. 함께 두드리며 노래를 부르고 놀면 기분 전환도 되고 친밀감도 생긴다.

미니카와 소방차, 비행기와 중장비, 기차 장난감도 아이의 상상 놀이에 필요한 장난감이다. 아이는 자동차에 자기를 투사해 빠르게 달리고 부딪히고 때로는 날아오르면서 자신의 유능감을 확인하려 든다. 아직 몸은 느리지만 마음은 빠르게 달려가고 싶다. 힘센 중장비나 소방차처럼 튼튼하고 강인한 모습을 보여주고 싶다. 동물 피규어도 아이가 자신의 내면을 투사하는 장난감 중 하나다.

조금 지나면 사람 피규어가 아이의 선택을 받는다. 슈퍼히어로나 중세 기사도 고르고, 좀 더 현실적인 사람 피규어를 고르기도 한다. 아이는 현실적인 이야기를 만들어 소꿉놀이를 하고 병원 놀이를 한다. 피규어와 장난감이 섞이며 아이의 상상은 다채롭게 펼쳐진다. 많은 이야기가 이뤄지고 그 속에서 아이는 성장한다.

그 외에도 조작 능력의 발달을 도와 스스로 뭔가 만들어내는 행위를 통해 아이를 상상의 세계로 이끌어주는 각종 블록 장난감, 점토와 그림 도구도 필요하다.

좋은 장난감은 거창한 것이 아니다. 소박하고 안전하면서도 그 무렵의 아이가 만지기 좋아하는 놀잇감, 부모와 상호작용 하는 데 유리한 것이라면 집에서 쓰던 물건, 밖에서 주운 돌멩이와 나무토막도 좋은 장난감이다. 반대로 아무리 비싸고 고급 기능을 갖추었어도 아이가 흥미를 느끼지 못한다면 좋은 장난감이 아니다.

개성이 분명해 지나치게 역할이 제한된 장난감보다는 자유로운 상상이 가능한 장난감이 적절하다. 그런 면에서 유행하는 최신 캐릭터 장난감보다는 고전적인 장난감이 더낫다. 캐릭터 장난감을 갖고 놀 때 아이의 상상은 자신이 애니메이션에서 본 장면을 뛰어넘기가 어렵기 때문이다. 게다가 캐릭터는 유행이 지나면 아이들의 장난감 통 구석에 처박히기 쉽다.

아이의 상상이란 시간을 통해 더해가는 법이라 오래 갖고 논 장난감은 겉은 낡더라도 그 안에 담긴 이야기는 더 풍부해진다. 그래서 장난감은 너무 많아도 곤란하고, 새로운 식구가 너무 자주 들어와도 좋지 않다. 문방구에서 파는 값싼 장난감이라면 몰라도 가격이 나가는 장난감은 한두 달에 한 가지 정도면 충분하고 유행을 덜 타는 장난감이 더 낫다. 물론 가끔은 유행하는 장난감을 사주지 않을 수 없다. 아이에게도 사회생활이 있기에 친구들이 가진 장난감을 갖고 싶어 한다. 게다가 아이가 좋아하고 자주 보는 콘텐츠의 주인공은 자신의 감정을 투사할 수 있는 좋은 대상이다. 두세 개쯤은 갖고 있는 편이 좋다.

4
미디어 이용, 어떻게 해야 할까?

미디어 이용은 요즘 육아에서 가장 뜨거운 이슈다. 과거에는 만 3세 이하에선 미디어 사용을 원천적으로 제한하는 것이 좋다는 게 전문가들의 공식적인 견해였다. 이런 견해는 갈수록 완화되고 있는데, 미국소아과학회가 2016년에 제시한 미디어 가이드라인을 보면 18개월까지 사용 연령이 내려갔다.

가이드라인을 살펴보면 18개월까지는 영상통화를 제외한 미디어 사용은 피하는 것이 좋다. 18개월부터 만 2세까지는 양질의 유아용 프로그램을 보여줄 수 있지만 반드시 부모가 같이 보면서 설명해줄 것을 권한다. 만 2세에서 5세까지는 하루 한 시간의 미디어 사용은 허용하고 있다. 물론

이 경우에도 아이가 혼자서 보는 것보다는 부모가 함께 보는 것을 권한다. 아이가 혼자 보면 내용을 제대로 이해하지 못할 수 있고, 엉뚱한 오해를 하거나 현실 세계에 잘못 적용할 수 있기 때문이다. 물론 현실의 아이들은 이런 권고 사항보다 훨씬 많은 시간 미디어에 노출되어 있고, 그것도 혼자 노출되어 있다.

부모들이 아이에게 미디어를 보여주는 이유는 크게 두 가지다. 우선 부모가 자신만의 시간을 갖기 위해서다. 아이에게 핸드폰이라도 쥐여주면 부모는 밥 먹을 여유를 낼 수 있다. TV를 틀어줘야 집안일을 할 수 있다. 말하자면 아이 보는 도구로 미디어를 활용한다. 이런 상황에서 미디어를 볼 때는 항상 부모가 곁에서 지도해야 한다는 가이드라인을 지키기란 어렵다.

미디어를 이용하는 중요한 이유 중 또 하나는 아이의 행동에 대한 보상을 주기 위해서다. 밥을 먹지 않으려는 아이, 밥 먹을 때마다 돌아다니는 아이에게 유튜브를 틀어준 다음 숟가락으로 밥을 떠먹이면 그래도 한 그릇을 먹일 수 있다. 스스로 이를 닦거나 떼쓰지 않는 등 긍정적인 행동을 하면 보상으로 미디어 시청을 허락하기도 한다. 보상으로서 주어지다 보니 미디어는 아이에게 점점 더 소중해진다. 그 저 보는 것만으로도 재미있는데 보상이라는 느낌까지 더해 지니 더없이 소중한 시간이 된다. 당장은 효과가 있지만 장 기적으로 보면 부모에게 힘든 상황을 만들고 있는 셈이다.

육아는 현실이다 보니 완벽하게 할 수는 없다. 하지만 되 도록 원칙을 정해 꾸준히 실천하는 것이 좋다. 아이가 어릴 때는 부모가 원칙을 정해서 밀고 가면 거부하지 못한다. 잠 시 떼쓴다고 해도 부모만 굳건하다면 아이는 포기하고 부 모를 따른다. 대개는 부모가 그때그때 다르게 행동하고, 떼 쓰면 견디지 못하고 아이가 원하는 대로 따르기 때문에 아 이는 더 조른다. 부모가 조르면 들어준다는 것을 알게 된 아 이는 더 강하게 조르는 방법을 익힌다. 부모가 떼쓰기를 학 습시킨 셈이다.

우선 TV에 대한 기준을 정해야 한다. 아예 안 보여주는 것도 가능하고, 시간을 정해서 보여줘도 된다. 주말에만 보 여줘도 되고 매일 조금씩 보여줘도 된다. 아이들 프로그램 은 한 회에 평균 15~20분이니 평일에는 한두 개, 주말에는 두세 개를 연달아 보는 정도면 괜찮다.

작은 핸드폰 화면으로 보여주기보다 TV에 연결해서 보여쥐야 한다. 그래야 부모가 오가며 아이에게 프로그램에 대해 이야기하기 좋다. 부모가 함께 보며 즐기고, 대화 소재로 삼으면 아이는 TV에 중독되지 않고 미디어 속 내용과 현실을 혼동하는 일도 줄어든다. 핸드폰이나 태블릿으로 볼 경우 아이는 연관 영상을 이어서 볼 수도 있고 자꾸 스스로 조작하려는 유혹을 느낀다. 연관 영상은 매우 위험하다. 우선 어떤 것이 나올지 모른다. 생각보다 아이에게 위험한 영상도 자주 나온다. 게다가 자신이 무언가 조작해 화면에 변화를 줄 수 있음을 깨달으면 아이는 미디어에 더 깊게 빠져들게 된다.

무엇보다 부모가 미디어를 계획적으로 보는 습관이 필요하다. 부모가 넋 놓고 앉아 리모컨으로 이것저것 돌려 보면서 아이에게만 미디어를 자제시키기란 어렵다. 틈만 나면 핸드폰으로 여러 콘텐츠를 소비하면서 아이에게는 하지 말라고 하면 먹히지 않는다. 아이는 부모의 말이 아닌 행동을 보고 배운다. 부모도 아이가 자기 전에는 TV를 틀지 않아서 아이가 TV 생각이 나지 않도록 도와야 한다.

부모가 영상 콘텐츠를 이용할 때도 먼저 어떤 프로그램을 볼지 정하고 TV를 틀어야 한다. 아무 시간에나 TV를 틀지 않고, 미리 결정한 프로그램을 보는 것이 아이에게 가장 중요한 미디어 교육이다. 아이에게 미디어를 허용할 때도 프로그램을 정해서 보게 해야 한다. 그냥 한 시간 또는 두세 시간 보는 것으로 정하면 아이는 되도록 길게 보려고 해 부모와 소소한 갈등을 빚는다. 갈등이 생길수록 아이는 TV에 더 집착하게 된다.

미디어를 이용하면서 유익한 프로그램이니, 영어 공부니 아이에게 좋은 내용을 볼 수 있다는 기대는 하지 않는 편이 좋다. 유아의 경우 부모와 함께 보지 않는 한 어떤 프로그램도 유익하지 않다. 방학이라고 더 보고, 주말이라고 양껏 보고, 엄마에게 졸라 조금 더 볼 수 있다면 아이는 계속 최대한 TV 보기를 꿈꾸게 된다. 정해진 프로그램 이상은 절대로 볼 수 없다는 원칙을 세우고, 이것이 잘 지켜진다면 아이는 더 이상 고민하지 않을 것이다.

유아가 TV를 많이 보는 경우 장난감이 부족한 경우가 많다. 앞서도 언급했지만 아이들에게는 장난감이 꼭 필요하다. 아이는 놀 거리가 없으면 힘들어하고 부모에게 매달린다. 갖고 놀면서 스스로의 상상 세계를 만들어갈 수 있는 장난감을 어느 정도 갖추어야 아이가 TV 없이도 시간을 보낼 수 있다. 집을 지저분하게 한다는 이유로, 돈이 든다는 이유로 장난감을 사주지 않는 부모가 있는데, 이럴 경우 TV나 영상 콘텐츠에 대한 의존은 피할 수 없다. 손으로 조작할 구체적인 사물이 없다면 아이는 미디어 말고는 할 수 있는 것이 없다. 미디어로 세상을 경험한 아이는 구체적 사물을 다루는 데 익숙하지 않아 더욱더 미디어에 매달리는 악순환이 일어난다.

만약 아이의 미디어 사용 시간이 너무 길어 줄여야 한다면 반드시 다른 놀이 도구가 있어야 한다. 놀이 도구만 필요한 것이 아니다. 같이 놀 사람도 필요하다. 미디어로만 논 아이들은 장난감 사용이 익숙하지 않다. 게다가 장난감은 아무리 재미있어도 처음에는 미디어만큼 재미있지는 않다. 그러니 부모가 함께 장난감을 이용해 놀아줘야 한다. 사람과 함께 노는 즐거움으로 미디어에 대한 의존을 끊어야 한다. 미디어에 대한 집착을 끊는 데 필요한 시간은 한 달 정도다. 한 달간은 미디어 이용을 완전히 중단하고 아이와 함께 더 많이 놀아야 한다. 대안적 놀이에 익숙해졌다면 다시 미디어를 이용해도 된다.

4
장

아이를 어떻게
도와야 할까?

아이를 잘 키우려면 어떻게 해야 하느냐는 질문을 많이 받는다. 그럴 때마다 늘 이런 이야기를 한다. 부모가 먼저 좋은 사람이 되어야 한다. 그리고 아이가 좋아하는 부모가 되어야 한다. 아이는 자신이 좋아하는 사람을 따라 배운다. 옳은 사람을 따라 배우지 않고 좋아하는 사람을 따라 배운다. 아이가 부모를 좋아하면 따라 배운다. 그런 부모가 괜찮은 사람이라면 당연히 아이는 괜찮은 어른으로 자란다. 물론 비록 우리는 부모가 되었지만, 여전히 부족한 부분이 많은 사람이다. 아이가 나를 따라 배운다니. 생각만 해도 싫은 분들도 있을 것이다. 하지만 거기서 시작하는 수밖에 없다. 자신부터 조금씩 더 나은 사람이 되려고 해야 한다. 여전히 모자라지만, 여전히 창피한 부분이 많지만, 나아지려고 노력하는 모습만이라도 아이에게 꾸준히 보여준다면 우리는 제법 괜찮은 것을 아이에게 주는 셈이다.

1
친구 같은 부모는 좋은 부모일까?

요즘은 아빠 육아가 더는 특별한 일이 아니다. 당연한 상식이 되었다. 다만 아직도 우리나라의 노동시간이 긴 편이고, 자영업자의 경우에는 노동시간 자체가 의미가 없다 보니 육아를 하고 싶어도 하기 어려운 아빠들도 적지 않다. 가정형편상 일을 더 해야 한다면 남성의 시간당 임금이 높은 경우가 많다 보니 아빠가 더 일하게 된다. 하루빨리 개선되어야 할 부분이다. 아빠도 육아에 참여하고, 부모로서 기쁨을 느낄 필요가 있다. 아이가 어렸을 때 육아에 참여하지 않으면 아이와 깊이 있는 친밀감을 만들기 어렵다. 힘들게 키워냈어도 왠지 모를 거리감을 느끼는 관계에 머무르게 된다.

육아에 들이는 시간이 부족하다 보니 아빠는 육아에서 일부만 경험하게 된다. 엄마는 돌보기, 가르치기, 훈육하기, 함께 놀기, 곁에 머물기 등 육아의 전체 과정을 책임지고 그중 한두 가지만 아빠에게 맡긴다. 주로 함께 놀기와 훈육하기가 아빠 몫인데, 함께 놀기 중에서도 신체 놀이 정도만 맡는 경우가 많고 훈육할 땐 무섭게 겁주는 역할만 주어진다. 아빠라는 사람을 전인격적으로 경험하지 못하니 아이에게는 손해다. 아이에게는 보고 경험하고 배울 대상, 인격의 이모저모를 모두 느낄 수 있는 대상이 더 많이 필요한데, 아빠조차 그런 존재가 되어주지 못한다. 부모가 못났든 잘났든 아이를 함부로 대하지 않는 이상 아이는 부모를 깊이 경험하는 것이 좋다. 전체로서 한 사람을 경험하고 깊이 있는 관계를 갖는 것은 그 자체로 큰 배움이다.

아이에게 아빠가 놀아주는 역할만 하다 보면 아이는 아빠를 그저 친구처럼 생각하기도 한다. 엄마는 보호자인데 아빠는 친구이고 놀이 상대다. 엄마의 지시에 따라 자기와 놀아주는 사람, 아빠는 아이에게 그런 존재가 된다. 아빠들은 이를 싫어하지 않는다. 오히려 그 역할을 좋아하기도 한다. 부모로서 어떻게 아이를 이끌어야 할지 모르겠는데 친구는 부담 없이 할 수 있으니까. 그래서 '친구 같은 아빠'가 되고 싶다는 아빠들도 많다. 하지만 쉽지 않다. 자꾸 역할 갈등에 빠진다. 아이가 너무 만만하게 대하면 기분이 상한다. 친구라지만 아이를 편하게만 대할 수도 없다. 돌보는 역할도 해야 한다. 친구는 함께 즐겁고 동등하게 주고받아야 하는데 아이와 놀 때는 아이에게 일방적으로 맞춰줘야 할 때가 많다. 그러니 말만 친구지 자칫하면 '하인 같은 아빠'가 되고 만다. 그게 마음에 걸려 아이 버릇 좀 들이려 하면 아이는 울고 아빠는 엄마에게 야단맞는다.

부모들이 흔히 오해하는 개념이 '친구 같은 부모'다. 이 말은 자녀와 소통의 문을 활짝 열어놓으라는 얘기지, 정말 아이의 친구가 되라는 뜻은 아니다. 부모는 아이의 친구일 수 없다. 부모는 아이를 도와주고 책임져야 한다. 잘못은 가르쳐야 하고, 때로는 한 걸음 뒤에서 아이를 돌봐줘야 한다. 그럴 수 있는 친구란 없다.

친구는 가르치는 존재가 아니다. 함께할 뿐이다. 내가 좀 낫다고 함부로 조언하면 곤란하다. 상대의 선택이나 결정을 존중하고 상대가 부탁할 때만 조언할 수 있다. 부모는 단순히 함께하는 사람이 아니다. 아이를 가르쳐야 한다. 때로는 이끌어야 한다. 아이는 흔들리며 삶을 배워간다. 자기를 믿을 수 없기에 자주 불안에 시달린다. 과도한 행동이 나오기도 하고, 어리석은 행동을 할 때도 있다. 바람직하고 좋은 행동만 하는 아이는 없다. 잘못된 행동을 하면서 자기 행동의 적절한 범위를 배워간다. 부모는 이때 기준이 되는 사람이어야 한다. 그저 함께하는 사람이어서는 부족하다.

아이는 성장하며 수없이 흔들린다. 흔들리며 자란다. 아이가 흔들리고 방황하면 부모도 흔들리기 쉽다. 하지만 부모는 자기 내면의 흔들림을 다독이며 아이를 잡아줘야 한다. 뿌리 내린 나무는 바람에 흔들려도 쉽게 뽑히지 않는다. 그런데 뿌리를 잡아주는 땅이 무너진다면 나무는 자랄 수 없다. 부모가 함께 흔들리면 아이의 불안은 더 심해진다.

권위주의는 나쁜 것이지만 권위는 필요하다. 부모는 아이를 책임져야 하니까. 권위를 갖추지 못한 부모는 아이를 함부로 대하거나 아이에게서 멀어지기 쉽다. 세상 모든 일을 일일이 설명하고 설득하며 아이를 키울 수는 없다. 우리에겐 그 정도의 여유나 지혜가 없다. 잘못은 실시간으로 벌어지고, 결단의 시간은 우리를 기다려주지 않는다. 그렇기 때문에 부모는 어느 정도 권위를 가져야 한다. 부모가 편하기 위해 권위가 필요한 것이 아니다. 아이를 책임지고 이끌기 위해 필요하다.

그렇다면 권위는 어떻게 만들어야 할까?

첫째, 부모가 권위에 대한 긍정적인 관점을 갖고 있어야 한다. 놀 때는 즐겁게 놀더라도 지시할 때는 분명한 태도로 해야 한다. 부탁하듯 말하지 말고 정확하게 지시하자. 지시는 짧고 간결한 것이 좋다. 중요한 것은 표정이다. 당연히 따라야 한다는 표정으로 아이를 바라봐야 한다. 물론 아이는 따르기 싫을 수 있겠지만 그래도 부모는 지시를 결국 따르게 하겠다는 마음을 표정과 태도로 전달해야 한다. 그 느낌이 전달되어야 아이가 움직인다. 평소 아이에게 지시한 적이 거의 없었는데 갑자기 지시하면 처음에는 아이가 어리둥절할 수 있다. 자칫 당황해서 울기도 한다. 하지만 흔들리지 말고 일관된 모습을 유지하자. 아이도 곧 배우고 적응하게 된다. 물론 지시하지 않을 때는 즐겁게 어울려야 한다. 올바른 지시 방법은 다음 장에서 조금 더 다뤄보겠다.

둘째, 아이를 책임지며, 부모 스스로 아이가 존경할 만한 사람이 되려고 노력해야 한다. 물론 부모가 되었다고 갑자기 훌륭한 인격을 갖출 수는 없다. 다만 인간적으로 좋은 사

람이 되려고 해야 한다. 고작 네다섯 살 먹은 아이가 부모가
좋은 사람인지 아닌지 어떻게 알까 싶지만 그렇지 않다. 아
이는 놀랍게도 끊임없이 부모를 평가한다. 물론 윤리적 기
준은 아니다. 부모가 믿을 만한 사람인지, 기댈 수 있는 사
람인지 본능적으로 파악한다. 아이를 키워보면 누구나 안
다. 생각보다 아이 눈을 속이기가 쉽지 않다. 아이는 부모를
매 순간 보고 있기 때문이다. 아이는 부모를 믿을 수 있다고
느낄 때 따른다. 안정적인 태도로 진실하게 대하는 사람이
면 아이는 쉽게 마음을 기댄다.

셋째, 아이를 존중하되 부모에게 함부로 대할 때 그냥 넘
겨서는 안 된다. 예를 들어 아이가 부모의 마음을 상하게 하
면 기분이 좋지 않다고 분명하게 말해주자. 갑자기 부모를
때린다거나, 비하하는 말을 하면 마음이 상했음을 알게 해
야 한다. 물론 아이가 그런 행동을 하는 이유가 있을 것이
다. 그래도 그 이유를 듣기 전에 마음 상한 것부터 표현하
자. 아이도 부모의 마음을 알아야 한다. 아이가 왜 그렇게
행동했는지는 내 마음을 전한 다음에 묻는 것이 좋다. 아이
가 부모의 반응에 당황해 울 수도 있다. 그러더라도 얼른 달
래지 말고 기다려보자. 울게 한 후 아이가 다가올 때 안아주

면 된다.

다만 조심할 것이 있다. 부모가 너무 쉽게 마음이 상하면 곤란하다. 아이가 부모의 바람대로 행동하지 않았다고 마음이 상한다면 그것은 부모의 잘못이다. 잘 삐치는 부모를 존중하기란 어려운 일이다. 아이가 부모의 인격을 무시하고 함부로 대하는 행동을 했을 때(그럴 의도 없이 그런 행동을 했을 때라도), 그때가 말할 때다.

넷째, 부모가 아이에게 매달리는 모습은 보이지 않아야 한다. 남녀 간의 연애처럼 부모 자녀 관계에도 이른바 '밀당'이 있다. 너무 쫓아다니고 사랑을 애걸하면 오히려 마음을 얻을 수 없다. 생각해보면 아이는 약자다. 결국 부모에게 의존할 수밖에 없다. 부모가 움직이지 않으면 아이 혼자 할 수 있는 것이 없다. 이것이 아이가 놓인 객관적 상황이다. 부모의 마음이 급해서 아이를 쫓아다니는 것이다. 아이를 통해 하고 싶은 일이 있다 보니 아이에게 휘둘릴 뿐이다. 그냥 놔두면 아이는 부모에게 다가온다. 사랑받고 싶은 것은 아이다.

아이가 자신에게 너무 함부로 대한다는 아빠들이 많다. 그런 아빠들에게는 당분간 아이가 다가오면 잘해주되 어린 아이처럼 굴면서 굳이 아이와 어울리려고 노력하진 마시라고 당부한다. 그런 행동은 아이가 부모를 가벼운 사람으로 인식하도록 만든다. 당연히 부모도 아이에게 사랑받고 싶다. 아이가 자신에게서 조금이라도 멀어진 느낌이 들면 마음이 편치 않다. 더 많은 관심을 줘서라도 아이가 자신을 사랑하게 만들려고 노력한다. 특히 자기 자신에 대한 믿음이 약한 부모라면 더욱 그런 경향이 있다. 하지만 이런 태도는 아이가 부모라는 존재를 작게 보도록 만든다. 하찮게 생각하도록 이끈다.

부모는 아이를 기다려야 한다. 아이에게 사랑을 갈구하지 말고 주는 것으로 만족해야 한다. 아이가 다가올 때까지 느긋하게 기다려야 한다. 다행히 기다리면 아이는 다가온다. 부모에게 아이가 필요한 만큼 아이에게도 부모가 필요하다. 실은 더 많이 필요한 쪽이 아이다. 그리고 그렇게 다가왔다면 이제 기쁘게 웃으며 사랑을 주어야 한다.

2
아이에게 올바르게 지시하는 방법

아이에게 지시할 때는 분명하게 해야 한다. 말은 쉬운데 실
천은 만만치 않다. 우선 분명하다는 것이 무엇인지 혼란스
럽다. 가끔은 분명히 지시하라고 하니 무서운 표정을 짓거
나 목소리를 잔뜩 깔고 이야기하는 부모를 만난다. 그런 의
미는 아니다. 분명한 지시란 짧은 문장으로 정확하게 말하
는 것이다. 무서운 표정을 짓거나 굵은 목소리를 낼 필요는
없다. 그냥 평소처럼 하면 된다. 중요한 것은 지시를 반드시
따르도록 이끌겠다는 부모의 자세다. 아이가 따르지 않으면
곁에 머물며 반복해서 지시하고, 아이를 도와 결국 지시에
맞게 행동하도록 이끌어야 한다. 이런 각오가 분명함이다.

　예를 들어 아이에게 "장난감을 정리하자"고 말했다면 아

이가 정리에 참여하도록 반드시 이끌어야 한다. 반복해서 지시하며 아이가 움직이도록 기다린다. 같이 가지고 논 장난감은 같이 정리해야 한다고 간단히 명분을 설명해도 좋고, 장난감들이 밤에는 자기 자리에 가서 쉬어야 하는데 주인인 우리 아들이 데려다주길 바랄 거라고 상징적으로 말해도 좋다. 그것이 올바른 행동이고, 우리 아들은 올바르게 행동하리라는 것을 아빠는 알고 있다고 암시해준다. 아이가 움직이길 바라고, 움직이지 않으면 실망할 것이라는 마음도 전해야 한다. 말로 다 전달하지는 않아도 그 느낌을 분위기로 분명하게 표현해야 한다.

아이가 드디어 몸을 움직여 정리하기 시작하면 환하게 웃으며 칭찬한다. 아빠의 말을 들어서 행복하다고 말해준다. 아이와 함께 장난감을 정리하며 앞으로도 아빠 말을 듣고, 할 일을 해내는 멋진 모습을 보여달라고 격려한다. 아이가 처음에 움직이지 않고, 협조하지 않아도 버티며 아이를 움직이는 데 성공해야 한다. 화내거나 포기하지 않고 긴장감을 견디며 아이가 움직이게 해야 한다.

어떤 아이는 움직이지 않는다. 긴장하면 몸이 굳는 아이도 있다. 생각을 융통성 있게 빨리 바꾸지 못하는 아이도 있다. 그 아이들이 더 나쁜 것은 아니다. 이런 상황에 적응하지 못하고 변화에 시간이 걸리는 아이일 뿐이다. 아이가 반항한다고 생각하지는 말자. 이럴 때는 15분 정도 긴장 상태를 유지한 후 아빠가 나서서 정리를 마무리해야 한다. 그리고 아이를 바라보며 "다음에는 네가 할 거라고 믿는다"고 말해주고 그 자리를 떠나자. 아이를 붙잡고 길게 이야기하는 것은 좋지 않다. 오히려 자리를 피하는 편이 좋다.

부모가 간단히 말하고 자리를 떠나면 아이는 오히려 힘들어진다. 부모가 만든 긴장감을 견디기 어렵다. 풀이 죽고 어느 시점에는 아빠에게 다가온다. 또는 엄마에게 가기도 한다. 아이가 다가와 안기면 거절하지 말자. 오히려 안아주면서 이렇게 말해야 한다. "아까는 어떻게 해야 할지 몰라서 못했지? 그래도 다음에는 같이 정리하자. 아빠는 같이하고 싶고, 아들이 아빠 말을 들어야 행복할 것 같아. 아빠도 아들 말을 잘 들어줄 거야. 그러니 우리 아들도 아빠 말을 들어줘야 해. 그래야 아빠가 아들을 잘 키울 수 있어." 엄마에게 안기는 경우에도 엄마가 비슷하게 말해줘야 한다. "아빠는 네 말을 잘 들어주잖아. 그러니 너도 아빠 말을 잘 들어야 아빠가 우리 아들을 잘 키울 수 있어."

부모의 권위는 하루아침에 만들어지지 않는다. 올바른 자리에 서서 아이를 견뎌내면 아이는 끌려온다. 부모는 아이에게 필요한 것을 주고, 사랑도 준다. 자신에게 잘해주는 사람이 확실한 태도로 이렇게 해야 한다고 반복해 말하면, 흔들리지 않고 이끌면 아이는 결국 끌려온다. 사랑받고 싶기 때문이다. 그렇게 끌려와야, 부모를 따라야 부모는 계속 안정적으로 사랑을 줄 수 있다. 아이를 위할 수 있다.

3
훈육을 둘러싼 오해와 진실

훈육에 대한 광범위한 오해가 있다. 가장 큰 오해부터 풀고 넘어가는 것이 좋겠다. 훈육을 아이를 야단치는 방법이라고 생각하는 오해다. 훈육은 잘못한 아이를 야단쳐 올바른 방향으로 이끄는 것이 아니다. 아이가 제대로 행동하도록 도와주는 것이 훈육이다. 비슷한 말 아니냐고 할 수도 있다. 하지만 전혀 다른 말이다. 무엇보다 아이는 잘못된 행동을 하려는 의도가 없다. 아이로선 무엇이 올바른 행동인지 알 턱이 없다. 부모 입장에선 자신의 말이 맞다고 확신하지만 아이는 그렇게 생각할 이유가 없다. 아예 생각하지 못한다.

아이는 훈육의 순간을 어떻게 느낄까? 자기의 바람을 잘 알고 채워주던 부모가 어느 순간 자신이 하고 싶은 것을 못하게 한다. 왜 그러는 건가 싶어 자기 바람을 들어달라고 떼쓰니 오히려 무서운 표정을 짓는다. 놀라고 당황스럽다. 내 마음을 알아주고, 내 말을 들어주던 부모는 어디 간 거지? 겁나고, 당황스럽고, 화난다. 이 상황이 아이가 느끼는 훈육의 순간이다.

부모는 왜 부모의 뜻대로 따라야 하는지 말하지만 아이는 그 말을 다 이해할 수 없다. 왜 지금 별로 배고프지 않은데 먹어야 하지? 부모는 끼니는 규칙적으로 먹어야 한다고 말한다. 옳은 소리다. 하지만 아이는 그 말을 이해할 수 없다. 규칙적이란 말은 뭐지? 왜 그래야 하는 거지? 왜 지금 부모는 나에게 화내며 말하지? 아이가 이해할 수 있는 것은 하나도 없다. 놀라기도 하고, 불안하기도 하고, 억울하기도 하다. 어쩔 줄 모르겠다는 감정에 휩싸일 수 있다. 부모와 아이의 관계, 아이의 기질에 따라 느끼는 감정은 다르다. 하지만 공통적인 것은 아이로서는 이 상황을 이해할 수 없고 혼란스러움을 느낀다는 점이다. 그래서 아이는 울어버린다.

훈육은 논리로 설득하는 것이 아니다. 아이와 부모의 관계로 한다. 관계에는 힘과 사랑이 흐른다. 아이는 부모에게 의지한다. 부모는 자신을 돌봐주고 사랑한다. 그런 부모가 자신을 미워하는 것은 싫고, 부모에게 잘 보이고 싶다. 부모가 좋아하는 행동을 해서 부모가 웃으면 마음이 편해진다. 안정감을 느끼고 행복해진다. 반대로 부모가 화내면 무섭고 불안해진다. 그런 모습은 피하고 싶다. 자신의 행동에 보이는 부모의 반응에 따라 아이는 어떤 행동을 더 하거나, 하지 말아야 하는지 알게 된다. 이것이 아이가 사회화되는 과정이고 훈육이 이뤄지는 기본적인 방법이다.

쉽게 말하면 당근과 채찍인데, 그렇게 간단하지만은 않다. 어떤 아이는 부모의 신호를 제대로 인식하지 못한다. 부모가 보내는 신호보다 자신의 내면에서 올라오는 욕구나 충동을 너무나 중요하게 여기는 아이들이 있다. 그런 아이는 부모가 신호를 보내도 받아들이지 않는다. 강력하게 신호를 보내야 겨우 반응하는데, 그러다 보니 훈육이 쉽지 않다. 신호를 강하게 보내다 역효과가 나기도 한다.

반대로 부모의 신호에 지나치게 예민하게 반응하는 아이도 있다. 기질적으로 민감해 불안이 높은 아이들은 부모가 채찍의 'ㅊ'자만 꺼내려 해도 힘들어한다. 부모의 의도를 파악하기보다는 놀라서 울어버린다. 훈육의 핵심은 아이가 부모의 의도를 파악해 스스로 자기 행동을 조절하게 하는 것인데, 행동은 바꾸지 않고 바로 감정을 폭발시킨다. 울고 떼쓴다. 부모는 당황한다. 지금 잘못한 것은 넌데, 네가 울면 어떻게 하느냐며 야단친다. 그럴수록 아이는 더 심하게 운다. 결국 달래줘야 한다. 한바탕 감정의 소용돌이가 휩쓸고 지나가면 훈육은 물 건너간다. 부모가 나중에 몇 마디 하겠지만 이미 아이의 머릿속에는 자신이 저지른 행동은 남아 있지 않다.

부모와 아이의 관계가 친밀하지 않으면 부모는 아이를 잡아끌기 어렵다. 아이는 부모를 사랑하기에 따른다. 나무와 꽃이 해를 향하듯 아이는 부모의 인정과 관심을 받기 위해 부모가 바라는 방향으로 움직인다. 그런데 사랑이 없다면 아이를 움직일 방법은 두려움뿐이다. 무섭게 해서, 그러면 혼난다고 협박해서 아이를 움직여야 한다. 이 방법도 효과는 있다. 특히 단기적으로는 효과적이다. 하지만 쓰면 쓸수록 아이와의 관계를 망가뜨린다. 관계가 망가지니 장기적으로는 위험하다. 두려움은 내성이 있어 점점 더 무섭게 대해야 한다. 아이가 자랄수록 수위를 높여야 한다. 결국 어느 지점을 넘어서면 훈육과 학대의 경계를 넘나들게 된다.

어떤 아이는 오히려 두려움 때문에 부모의 말을 따르지 못한다. 부모가 혼낼수록 어떻게 행동할지 몰라 자지러진다. 부모도 몹시 답답하지만 아이도 답답하다. 몸이 얼어붙어 행동이 나오지 않는다. 오직 울음만 나온다. 위기감을 느끼니 부모를 공격하기도 한다. 궁지에 몰려 고양이에게 달려드는 쥐같이 행동하는 셈이다. 불안에 휩싸인 상태다. 하지만 부모는 그렇게 생각하지 않는다. 대든다고 생각하고, 고집을 부리고 기싸움을 한다고 느낀다. 이렇게 해서 비극이 시작된다. 이때 가만히 살펴보면 부모의 내면도 두려움에 사로잡혀 있다. 아이를 제대로 이끌지 못하면 어떻게 하나 두렵다. 그래서 무리하게 화낸다. 두려운 부모와 두려운 아이가 둘 다 어떻게 해야 할지 몰라 온몸으로 부딪힌다.

훈육이 잘 이뤄지기 위해선 관계가 좋아야 한다. 아이가 부모를 좋아해야 한다. 부모가 원하는 행동을 아이가 하고 싶도록 만들어야 한다. 한편으로는 앞서 말했듯 부모에게 권위가 있어야 한다. 자신을 이끌고, 보호하고, 도와주는 사람이라는 인식을 아이가 갖고 있어야 한다. 이런 관계를 세 돌까지 만들어두지 않으면 훈육은 무척 어렵다. 폭력적으로 변하기 쉽다. 만약 세 돌이 될 때까지 이런 관계를 만들지 못했다면 어떻게 해야 할까? 별수 없다. 늦었지만, 그래서 조금 힘들겠지만 이제부터라도 관계를 만들어야 한다. 친밀하지만 부모가 권위를 갖고 있는 관계. 이런 관계를 만들어야 훈육은 제대로 굴러간다.

관계가 좋지 않으면 '생각하는 의자'를 갖다 놓든, '하나, 둘, 셋 기법'을 사용하든, 아이가 말을 들을 때까지 뒤에서 껴안고 못 움직이게 하든 소용없다. 오히려 상황을 악화시킨다. 잠시 효과를 보여도 오래가지 않는다. 아이는 부모가 자신을 도와주고 이끌어주는 사람이라고 생각하지 않는다. 무서워서 따라야 하는 사람으로 인식한다. 더는 무섭지 않게 되는 순간 부모가 할 수 있는 일은 사라진다. 더 뼈아픈 사실은 아이 내면의 외로움과 불안, 답답한 감정을 들어주고 토닥여줄 사람이 없다는 것이다. 아이는 그런 사람이 있을 것이라는 기대도 하지 못하게 된다. 경험하지 못했으니까. 결국 사람을 믿지 못하고, 늘 불안 속에 사는 어른으로 성장하기 쉽다.

훈육의 기반 작업

부모들은 묻는다. 아이에 대한 훈육을 언제부터 시작해야 하는지. 인터넷에 나온 정보는 30개월이라 말하기도 하고 36개월이라 말하기도 한다. 아이가 부모 말을 조금은 이해할 수 있는 나이, 부모와의 관계가 안정되어 잠시 부모가 없어도 혼자 움직일 수 있는 나이다. 아이를 앞에 두고 무언가 가르치듯 하는 것이 훈육이라면 그 말이 맞다. 하지만 훈육은 그런 것이 아니다. 아이의 행동 틀을 잡아주는 것이 훈육이기에 훈육의 시작은 신생아 때부터 이뤄진다.

가장 중요한 훈육은 생활의 기본적인 리듬을 만드는 것이다. 자고 일어나는 시간, 식사 시간을 지키며, 먹고 놀고 자는 흐름을 규칙적으로 이끌어가는 것이 훈육의 시작이다. 아이의 특성을 이해해 수면 교육을 하는 것, 아이가 울면 이유를 찾아보지만 특별히 도와줄 일이 없다면 조금은 스스로 감당하도록 지켜보는 것도 훈육이다. 잠이 안 온다고 울면 바로 안아서 재우지 않고 그 자리에 누워 자도록 토닥여주고, 조금 울더라도 혼자서 자도록 울음을 견디는 것이 훈육의 시작이다.

아이가 움직이기 시작하면 위험한 짓을 저지른다. 사실 아이로선 어떤 일이 위험한지 알 길이 없다. 부모가 보면 큰일 날 일이지만 아이는 일이 터지기 전에는 모른다. 일이 터

져도 그것이 자기 행동 때문에 일어난 것인지는 모를 수 있다. 아이는 물어뜯고, 건드리고, 기어 나간다. 조금 지나면 던지고, 밀치고, 뛰어내린다. 감각을 느끼고, 주변을 탐색하고, 부모의 관심을 끌기 위해 여러 행동을 한다. 아이에겐 꼭 필요한 일인데 부모에게는 매 순간 조심스럽다.

이때 부모가 할 일은 아이를 야단치는 것이 아니다. 위험한 것은 위험하다고 말해줘야 한다. 하지 말아야 할 행동은 하지 말아야 한다고 말해야 한다. 하지만 아이에게 말해주는 것만으로는 부족하다. 아이는 말을 알아들을 수 없다. 이때는 아이가 행동하려 해도 할 수 없게 만들어야 한다. 소위 '환경 조정'이다. 위험한 물건은 모두 치운다. 기어오르면 발판이 될 수 있는 것을 치우고, 젓가락으로 여기저기 쑤시면 콘센트를 안전장치로 막아야 한다. 인형을 자꾸 던지면 던지지 말라고 하지 말고, 인형을 들어 아이 손이 닿지 않는 곳으로 옮겨야 한다. 그러면 아이가 울 수 있다. 울어도 그대로 둬야 한다. 부모가 하지 말라는 행동을 계속하면 어떤 결과가 나타나는지 느껴야 한다. 물론 아이가 울음을 그치면 안아줘서 사랑을 확인해줘야 한다.

가끔 아이에게 말만 하는 부모들을 본다. "여기서는 엄마

손을 놓으면 안 돼." 그렇게 말하고도 아이가 손을 뿌리치고 달려가면 놓치고 만다. 이것이 훈육이 실패하는 이유다. 아이에게 손을 놓으면 안 된다고 말하면, 부모는 아이가 손을 놓지 못하도록 만들어야 한다. 물론 모든 것을 대비할 수 없으니 처음에는 실패할 수 있다. 하지만 우리 아이가 엄마 손쯤은 뿌리치고 달려가는 아이라는 것을 안다면 그다음에는 말만 해선 안 된다. 손을 더 꽉 잡아야 한다. 아이가 뿌리치려 들면 더 세게 잡아야 한다. 그래도 힘이 부족하면 아이의 팔목을 잡고 가야 한다. 엄마가 손을 놓으면 안 된다고 말한 이상 손을 놓을 수 없다는 것을 알게 해야 한다. 엄마가 말한 대로 이뤄진다는 것을 아이가 분명하게, 반복적으로 경험하게 해야 한다. 아이가 어릴 때 이렇게 권위를 만들어야 한다.

부모가 자신에게 화내거나 무섭게 대하지는 않지만, 입에서 나온 말은 꼭 이룬다는 것을 아이가 어릴 때부터 느끼게 해야 한다. 세 돌이 되기 전에 이 부분을 확실하게 해둬야 훈육이 쉽게 이뤄진다. 일부 육아서에서는 세 돌이 되면 훈육을 시작하라고 하지만 세 돌이면 이미 훈육이 잘 흘러갈지, 어렵게 흘러갈지 결정된다. 부모가 아이에 비해 힘이 압도적으로 강할 때 권위를 확보해야 한다. 평소에는 사랑하고 웃어주되, 필요한 순간에는 힘을 보여줘야 한다. 힘을 보여줄 때도 화내지 말아야 한다. 아이가 더 크면 반항을 한다. 반항을 잠재우려면 힘이 필요하다. 부모도 힘을 써야 하니 표정이 굳지 않을 수 없다. 힘을 쓸 때 화내면 아이가 불안해진다. 훈육은 평상심으로 해야 한다. 너를 다 이해하지만 나는 어쩔 수 없다는 마음으로 훈육해야 성공한다. 그러기 위해 아이가 어릴 때 권위를 확보해야 한다.

부모들이 흔히 갖는 훈육에 대한 또 다른 오해는 단호함에 대한 부분이다. 훈육에는 단호함이 필요하다고들 한다. 중요한 말이다. 하지만 이는 아이에게 단호하게 대하라는 의미가 아니다. 단호함은 부모 자신을 향하는 말이다.

부모가 훈육할 때 아이는 억울하기 마련이다. '왜 내가 바라는 대로 못하지? 왜 엄마 마음대로 해? 왜 밥 먹기 전에 사탕을 먹으면 안 되고, 왜 밤 10시가 되면 자러 가야 하지?' 아이로선 이유를 이해할 수도 없고 받아들이고 싶지도 않다. 그저 부모가 밀어붙이니 따를 뿐이다. 이런 상황에서 아이에게 무섭게 대하는 것이 맞을까? 아이에게 화내도 될까? 입장을 바꿔보자. 내가 몹시 바라는 일이 있는데, 상대가 내 바람을 들어주지 않으면서 야단까지 치면 어떨까? 못 하는 것도 억울한데 욕까지 먹다니 너무나 화날 일이다.

훈육은 기본적으로 안타까운 마음을 바탕에 깔고 있어야 한다. 네가 지금 사탕을 먹고 싶은 마음은 이해하고, 네가 지금 자기 싫은 마음은 충분히 이해한다는 마음이 있어야 한다. 이해하지만 아이의 말을 들어줄 수는 없다. 그래서 참 안타깝다는 마음을 갖고 있어야 한다. '네가 바라는 것은 알지만 네 바람대로 해줄 수는 없어. 네가 이해할 수는 없겠지만 이렇게 해야 해. 이렇게 하는 것이 너에게 좋으니까.' 아이 입장에서는 참으로 받아들이기 어려운 상황이지만 그래도 부모가 자신을 사랑한다는 것을 알면, 부모가 자신을 돌봐주는 사람이라는 것을 알면 받아들인다.

물론 바로 받아들이지 못할 수 있다. 당연하다. 자기주장이 강한 아이일수록 그럴 수 있다. 아이의 주장이 강한 것은 나쁘지 않다. 지금은 비록 부모를 힘들게 하지만 어른이 되면 자기 몫을 단단히 할 것이다. 이렇게 주장 강한 아이도 이해해주면서 대해야 한다. 그렇다고 부모가 물러나선 안된다. 네 바람은 알지만 어쩔 수 없다고 버텨야 한다. 아이의 울음과 고집을 버티고 올바른 방향으로 이끌어야 한다.

우는데 울지 말라고 할 필요는 없다. 억울하니 울기는 해야 한다. 울어도 안 된다는 것을 알 때까지 우는 것이 좋다. '엄마는 평소에는 나를 울리지 않는 사람인데, 이런 일에선 고집을 부리는구나. 이것은 정말 중요한가 보다.' 아이가 이렇게 느껴야 한다. 그때까지 아이는 울고, 부모는 아이의 울음을 견뎌야 한다. 30분을, 한 시간을 떼써도 그대로 보면서 견뎌야 한다. 몇 번만 견디면 아이는 멈춘다. 그 몇 번을 견디지 못하고 심하게 울어 부모가 우는 아이의 말을 들어준다면 악순환이 반복된다. 울어야 자기 뜻을 이룰 수 있다는 걸 경험한 아이는 계속해서 운다. 부모가 울음을 학습시킨 셈이다.

결국 부모가 스스로에게 단호해야 한다. 아이가 울어도 견딜 단호함이 필요하다. 아이에게 화내지 않고, 울지 말라고 강요하지 않고, 울음을 견디며 버티는 단호함이 필요하다. 그러기 위해서는 부모가 자기 마음의 불안을 이겨야 한다. 이렇게 울다가 무슨 일이 나는 것 아닌가 하는 걱정을 견디고, 아이가 이러다 나를 싫어하면 어쩌나 하는 불안을 견디고, 꼭 이렇게까지 해야 하나 하는 회의를 견디며 버텨야 훈육이 성공적으로 이뤄진다.

물론 때로는 작전상 후퇴할 때도 있다. 하지만 목표를 갖고 꾸준히 밀고 가야 한다. 유머를 곁들이고, 다양한 방법으로 접근하면서 목표를 향해 가야 한다. 기술이 부족하면 배워야 한다. 밤 10시가 되면 자러 가야 한다는 규칙을 관철시키는 것을 예로 들어보자. 부모는 아이를 보면서 다정하게 자기 싫은 마음은 알지만 10시에 자도록 정해져 있다고, 그건 원래 그렇다고 아이를 설득해야 한다. 아이가 싫어하면 이렇게 선택권을 줘본다. "그럼 우리 딸, 걸어서 갈까? 아니면 아빠가 안아서 침대로 갈까?" 선택권을 주면 아이는 움직이는 경우가 많기 때문이다. 그래도 안 움직이면 10시에는 불을 꼭 꺼야 한다고 말한다. 아이가 좋아하는 놀이를 이용해, 로보카 폴리가 10시에는 불을 꺼야 한다 말했다고 이야기한다. 어떤 아빠는 동영상에 음성을 입혀 보여주기도 한다. 불을 꺼도 아이가 일어나 굳이 스위치를 다시 켜는 경우도 있다. 그러면 부모는 그래 봐야 10시 10분에는 불이 꺼진다고 말해둔다. 엄마가 아이와 방에 있으면 아빠가 밖에서 두꺼비집을 내린다. 그래서 아이가 스위치를 켜도 불이 켜지지 않게 만든다.

10시에 자야 한다는 규칙을 관철하기 위해 부모는 다양

한 방법을 사용한다. 중요한 것은 관철하는 것이다. 아이에게 폭력적인 것 외에 모든 방법을 동원해 목표를 이뤄내야 한다. 이것이 단호함이다. 바로 이루지 못할 수 있다. 시간을 두어서라도 결국 집요하게 목표를 이뤄내야 한다. 그렇게 목표를 세웠으면 포기하지 않고 끌고 가는 부모의 태도가 단호함이다. 대충 말로 몇 마디 야단치고, 그것도 생각날 때만 야단쳐서는 아이가 움직이지 않는다. 아이는 눈치껏 피하는 방법을 배우고 잔머리만 큰다. 단호함은 아이에게 무섭게 대하는 것이 아니다. 부모 스스로에게 향해야 할 마음이다. 아이에게 무섭게 대하는 부모는 알고 보면 자신의 결심에는 단호하지 않은 경우가 많다.

맞벌이 부모의 훈육은 무엇이 다를까?

훈육의 실제를 이야기하자면 끝이 없다. 아이마다 성향이 다르고, 부모의 성향도 다르기 때문이다. 아이와의 관계가 어떤지, 보내는 시간이 얼마나 되는지에 따라서도 다른 해결책을 찾아야 한다. 특별히 훈육하기 어려운 아이도 있다. 열 명 중 한 명 정도는 부모가 정성을 다해도 훈육이 쉽지 않다. 또 우리 모두는 부모가 되기 위해 따로 훈련받은 것도 아니고 어쩌다 부모가 되기 마련이다. 힘든 아이는 전문가의 코칭을 받는 편이 낫다. 반대로 열 명 중 다섯 명의 아이는 부모가 크게 힘들이지 않아도 적당히 훈육할 수 있다. 순한 아이다. 키우면서 힘든 순간이 없는 것은 아니지만 심각한 문제로 발전하지는 않는다.

어떤 아이는 부모의 훈육에 강하게 저항한다. 소위 떼가 심한 아이들이다. 앞서 말했듯 훈육은 아이로선 받아들이고 싶지 않은 것투성이다. 어느 날 갑자기 부모가 한계선을 그어 이걸 지켜야 한다고 요구하니 아이는 억울하다. 어느 정도의 반발은 흔한데, 정도가 심한 아이도 있다. 자지러지게 울고, 바닥을 구르며 떼를 쓰기도 한다. 부모로선 난감하다. 하지만 당황할 필요 없다. 자지러지게 울고 바닥을 굴러봐야 그것이 전부다. 떼쓰고, 말 안 듣고, 어설프게 공격하기. 아이가 할 수 있는 일은 그것이 전부다. 부모가 버티면 아이는 저항해봐야 소용없다는 것을 깨닫는다. 그러고 나면 아이는 현실을 받아들인다. 현실을 받아들여야 더 행복하게 지낼 수 있다.

요즘은 조부모가 아이를 키우는 집이 많다. 또는 육아 도우미의 도움을 받는 집도 있다. 이 경우 아이의 떼쓰기에 효과적으로 대응하기는 어렵다. 조부모의 경우 에너지가 부족한 경우가 많다. 아이의 떼쓰기를 견뎌내는 것, 우는 소리를 들으며 버텨내는 것은 생각보다 많은 힘이 필요하다. 그래서 조부모들은 보통 적당히 들어주는 방법을 택한다. 육아 도우미도 대개는 나이가 많아 에너지가 달린다. 게다가 고용인이라는 입장 때문에 아이에게 강하게 대하기 어렵다. 부모에게 안 좋은 소리를 듣거나 문제가 생길 수 있으니 아이를 적당히 달래는 쪽을 선택한다. 결국 부모가 직접 키우는 것에 비해 아이 버릇이 나빠질 수 있다.

그렇다고 조부모나 도우미에게 아이를 제대로 훈육해달라고 요구하기도 어렵다. 조부모에게는 그런 부탁까지 하기엔 염치가 없다. 도우미에겐 부담스러운 일이다. 게다가 에너지가 달려 훈육하지 못한다면 부탁한다고 제대로 되기는 어렵다. 오히려 조부모의 육아는 그냥 하는 대로 두고, 틈틈이 부모가 훈육하는 수밖에 없다. 다만 이 경우 아이가 부모를 멀리하는 부작용이 생길 수 있다. 그렇잖아도 직장 일로 아이를 볼 시간이 부족한데, 그 짧은 시간에 훈육을 하다 보면 아이는 부모를 싫어할 수 있다. 관계가 멀어지기 쉽다. 진퇴양난의 상황이다.

이런 상황에 놓인 부모에게 할 수 있는 조언은 다음 세 가지다.

첫째, '두 얼굴의 사나이'처럼 부모가 빠르게 표정을 바꿔야 한다. 아이가 떼를 쓰면 들어주지 않고 안 된다는 표정을 짓지만, 떼쓰기를 멈추면 언제 그랬냐는 듯 아이에게 밝게 웃어준다. 부모도 사람이라 아이가 떼를 부리면 감정이 남는다. 아이들은 보통 얼마 지나지 않아 기분이 풀린다. 그런데 부모는 앙금이 오래 남아 아이가 계속 얄미울 수 있다. 미운 마음까지 들지는 않아도 아이가 떼쓰는 데 지쳐 표정이 굳을 수 있다. 그러면 그럴수록 아이와의 관계는 점점 나빠진다. 그에 따라 아이의 불안도 커진다.

부모는 빨리 나쁜 감정을 털어야 한다. 아이가 말을 안 듣는 것은 나를 미워해서도, 괴롭히려는 것도 아니다. 아직 덜 자라서 그러는 것이고, 세상을 배워가는 과정을 밟고 있기 때문이다. 부모가 할 일은 그런 아이를 가르치는 것이고, 아이는 부모에게 배워 욕구를 참는 방법을 익힌다. 아이는 부모를 좋아할 때 더 빨리 배울 수 있다. 그러니 아이에게 더 많이 웃어주고 놀이도 많이 해주자. 훈육할 일이 많을수록 아이와 잘 지낼 방법을 더 많이 연구해야 한다.

혼내고 울더라도 냉정히 지켜보는 부모와 밝게 웃어주고 함께 놀아주는 부모는 결국 같은 사람이다. 둘은 다른 존재가 아니고 하나다. 이것을 아이가 알아야 한다. 그래야 지금 부모가 자신을 야단친다 해도 그 안에서 사랑을 발견할 수 있다.

둘째, 완벽한 훈육에 대한 욕심을 내려놓아야 한다. 아이의 잘못을 보면 부모는 다 고쳐주고 싶다. 그러지 않으면 더 큰 문제로 발전할 것만 같아 불안하다. 특히 첫째 아이를 키울 때는 아이의 잘못에 더 예민하다. 하지만 아이를 키워보면 안다. 원래 아이는 잘못을 많이 한다. 가르쳐야 할 일도 너무 많다. 그럴 때마다 잘못을 다 바로잡을 수는 없다. 그랬다가는 아이와의 갈등이 심해지고, 아이는 부모를 피해 도망가게 된다. 훈육은 사랑을 바탕으로 하는 것이다. 이는 너무나 당연한 사실이다. 만약 아이를 사랑하지 않는다면 굳이 훈육할 필요도 없을 것이다. 과도한 훈육은 오히려 부모와 아이 사이의 사랑을 사라지게 한다.

아이의 잘못을 다 지적할 수 없다는 것은 부모들도 본능적으로 안다. 그러다 보니 생각날 때만 지적한다. 같은 행동도 어떨 때는 넘어가고, 어떨 때는 이야기한다. 기분이 좋으면 넘어가고, 마음이 안 좋을 때면 소리를 지른다. 남들 눈에 띄면 야단치고, 남이 보지 않으면 눈감아준다. 일관성 없이 훈육하다 보니 아이는 혼란스럽다. 훈육은 실패하고 아이는 그저 부모의 화풀이로 기억한다.

이런 상황을 피하려면 부모가 마음속에서 선을 정해야 한다. 어떤 행동에 대해서만 훈육하겠다는 기준을 정해 그 선을 넘지 않으면 훈육하지 않는다. 모든 문제에 대해 훈육하려는 마음은 버린다. 어떤 행동을 훈육할지 정하고 그 행동에만 집중한다. 정했을 경우에도 훈육에 나서는 기준을 조금

느슨하게 잡는다. 맞벌이 부모라면 그렇게 하는 편이 낫다.

단계별로 접근할 수도 있다. 예를 들어 이번 두 달 동안은 아이가 주먹으로 어른을 때리는 것만 못하게 하고, 다음 두 달은 식사 예절을 주로 가르치겠다고 마음먹는다. 그 외의 잘못은 너그럽게 봐주고 훈육에 들일 에너지를 계획한 것에만 집중한다. 단, 목표를 정할 경우 최소한 두 달은 꾸준히 노력해야 한다.

훈육의 대상을 정할 때 주의할 부분이 있다. 훈육은 해서는 안 되는 '행동'에 대한 것이다. '행동'이 아닌 '감정'은 훈육하지 않는다. 예를 들어 아이가 들고 있는 위험한 물건을 빼앗으면 아이는 울음을 터뜨린다. 그렇게 우는 것은 훈육하지 않는다. 우는 것은 감정의 표현이고 감정의 표현은 자유롭게 해야 한다. 그만 울라고, 이게 울 일이냐고 야단치면 곤란하다. 부모는 위험한 물건을 갖고 있으면 안 되는 이유만 설명하고 뒤로 물러난다. 우는 것은 아이의 자유다. 아이는 충분히 울어야 자신의 행동을 돌아볼 수 있고 부모의 뜻을 파악하게 된다. 울지 못하게 하면 아이는 울음을 참은 채 자신의 감정에만 사로잡힌다. 부모가 무엇을 원하는지 생각하려 들지 않는다.

셋째, 아이를 자세히 보고 떼쓰는 이유를 파악해야 한다. 가끔은 아이가 떼쓰는 듯 보이지만 실제로는 부모가 아이를 파악하지 못해 엉뚱한 고집을 부리는 경우가 있다. 예를 들어 아이는 더위를 많이 타는데, 부모가 외출할 때마다 두꺼운 옷을 입히는 경우다. 외식하러 가며 아이가 갖고 놀 장난감을 챙기지 않은 채 아이에게 말썽 부리지 말고 얌전히 있으라고 하는 경우도 마찬가지다. 옷을 시원하게 입히면 되는데 부모가 아이를 파악하지 못했고, 미리 장난감을 준비하면 될 텐데 부모가 대비하지 못한 것이다. 그러고 나서 아이가 떼쓰고 고집부리면 아이에게 책임을 미룬다. 네 잘못이라고.

아이에겐 참는 것 말고 방법이 없는데 참기에는 아직 어리다. 그런 아이에게 책임을 미루면 어떤 발전이 있겠는가? 부모가 먼저 상황을 파악하고 좋은 해결책은 없는지 먼저 고민해야 한다. 환경을 바꿔 문제를 쉽게 해결할 수 있다면 환경을 조정하는 것이 우선이다.

아이를 이해하고 미리 준비해서 돕는 것, 지나친 욕심을 부리지 않고 적당한 수준에서 훈육의 목표를 정하는 것, 그리고 아이와 좋은 관계를 유지하는 것, 이 세 가지는 일하는 부모가 아이를 훈육할 때 지켜야 할 중요한 원칙이다.

훈육은 시간이 드는 일

요즘은 부모들이 너무나 바쁘기에 바쁜 부모를 위한 훈육법을 먼저 썼다. 하지만 훈육은 시간과 여유가 충분히 있을 때 잘 이뤄진다. 부모가 바쁘면 아이가 문제를 만들어야 훈육을 시작한다. 바쁜 부모는 차분하게 아이를 관찰할 여유가 없다. 시간은 부족한데 아이에게 해줘야 할 것은 많다. 그러니 별문제가 없으면 넘어가고, 이대로 두고 볼 수 없다는 생각이 들면 그제야 나선다.

하지만 아이가 문제 행동을 보인 순간은 훈육하기에 썩 좋은 시간은 아니다. 특히 문제가 크게 벌어지고 나면 사태를 수습하는 것이 우선이다. 예를 들어 아이가 부주의하게 행동하다가 꽃병을 깼다면 부모가 우선 할 일은 아이가 다쳤는지 확인하는 것이다. 다음으로 크게 놀랐을 아이의 마음을 진정시켜야 한다. 그리고 깨진 꽃병의 파편을 치워야 한다. 그러고 나서야 아이와 잘못에 대해 차분하게 이야기할 수 있다. 이미 시간이 꽤 지나간 시점이다. 성장한 아이라면 상당한 시간이 지난 후에도 훈육이 가능하지만 유아들은 어렵다. 10분만 지나도 조금 전 자신이 한 행동을 잊어버린다.

그렇다고 야단부터 칠 수는 없다. 놀란 아이에게 훈육하기는 어렵다. 감정적으로 흥분한 순간에는 부모가 하는 말이 들리지 않는다. 단순히 무섭다는 감정에 휩싸일 뿐 무엇을 잘못했는지, 어디서부터 문제가 시작되었는지, 앞으로 어떻게 해야 문제가 진행되지 않을지 생각하지 못한다. 문제 행동이 잘못이라는 것은 아이도 안다. 그 말을 반복하는 것은 무의미하다. 훈육은 야단치고 화내는 것이 아니라 대안을 찾는 것이다. 아이가 왜 꽃병을 깼는지 분석하고, 다음에 그런 행동을 하지 않게 하려면 어떻게 해야 할지 방법을 찾아 아이와 공유하는 것이다. 필요하면 몸을 어떻게 움직여야 할지 훈련해야 하고, 위험을 초래하지 않을 대안적 행동이 무엇인지 가르쳐야 한다.

부주의한 행동으로 꽃병을 깬 상황을 좀 더 분석해보자. 먼저 아이가 왜 부주의하게 행동했는지 따져본다. 우선 아이의 속성일 수 있다. 아직 어려서, 또는 아이의 기질상 부주의한 것이라면, 당장 어떻게 해볼 방법은 없다. 만약 아이가 평소에는 부주의하지 않은데 오늘 기분이 안 좋아서 부주의했다면 기분이 안 좋을 때는 어떻게 풀지 아이와 이야기해야 한다.

아이가 부주의하다고 무조건 꽃병을 깨는 것은 아니니 구체적인 행동으로 들어가본다. 몸을 가만히 두지 않고 비행기가 날아가듯 큰 동작을 하다가 깼을 수 있다. 또는 동생과 장난치다 서로 미는 과정에서 탁자가 흔들려 깼을 수 있다. 공놀이하다가 깼을 수도 있다. 행동마다 동기가 있다. 그 동기를 분석해 앞으로 이번과 같은 위험한 행동을 하지 않도록 대안적 행위를 찾아줘야 한다. 공놀이 대신 안전하게 집에서 할 수 있는 신체 놀이를 찾아보고, 동생과 장난을 친다면 어느 공간에서는 할 수 있고, 어느 공간에서는 하면 안 되는지 정할 수도 있다.

분석을 통해 방법을 찾고, 찾은 방법을 적용해 아이 몸에 배도록 하는 것이 훈육이다. 야단치고 안 하겠다는 헛된 약속을 받는 것은 훈육이 아니다. 아이가 자라면서 저절로 없어지면 몰라도 그런 훈육은 아무리 해봐야 문제 행동을 없애지 못한다.

훈육을 위해서는 아이를 평소에 잘 관찰해야 한다. 그래야 아이가 왜 문제 행동을 하는지, 어떻게 문제를 일으키는지 이해하게 된다. 이해해야 아이를 도울 수 있다. 아이에게 물어봐도 아이는 자신이 왜 그런 행동을 했는지 모른다. 부모가 찾아내야 하는데, 관찰하지 않으면 답을 찾을 수 없다. 뻔한 이야기지만 아이를 관찰하기 위해서는 시간이 필요하다.

행동의 이유뿐 아니라 대안을 찾는 것도 시간이 든다. 훈육이 성공하기 위해서는 좋은 대안을 찾아야 한다. 나쁜 행동을 하지 않는 가장 좋은 방법은 그 대신 할 수 있는 좋은 행동을 찾는 것이다. 나쁜 행동만큼 쉽게 할 수 있는 좋은 행동이 있으면 아이는 좋은 행동으로 옮겨 갈 수 있고 그러면 나쁜 행동은 저절로 없어진다. 손가락을 못 빨게 하기보다 손가락 빨기를 대체할 수 있는 행동을 찾아줘야 한다.

시간적 여유가 있어야 보다 효과적인 시점에 아이의 문제에 개입할 수 있다. 효과적인 개입 시점은 아이가 크게 문제를 일으켰을 때가 아니라 살짝 잘못을 저질렀을 때다. 그때는 야단치지 않고 긍정적인 말로 가르치기 좋다. 일반적인 예상과는 달리 큰 잘못을 저질렀을 때 야단치면서 가르치는 것보다 작은 잘못을 저질렀을 때 긍정적인 말로 가르치는 편이 효과가 좋다. 문제의 씨앗이 보일 때 이에 대해 아이에게 가볍게 이야기하면서 다른 행동을 하면 더 좋다고 말해주면 아이는 쉽게 받아들인다. 조였다가 풀었다가, 장난도 치고 농담도 하면서 조금씩 꾸준히 가르쳐야 아이는 변한다. 가랑비에 옷 젖듯 조금씩 가르치면 아이는 자기도 모르는 사이에 변해간다.

이런 훈육을 위해서는 시간이 많이 필요하다. 아이를 찬찬히 보고 있을 시간이 필요하고, 아이와 가볍지만 꾸준히 교류할 시간이 필요하다. 그래야 훈육이 단단하게 이뤄진다. 아쉽게도 이런 시간을 가질 수 있는 부모가 많지 않다. 만나는 시간이 적고, 그 시간에도 할 일이 많고, 게다가 피곤하다 보니 훈육할 여유가 없다. 평범한 아이라면 그런 상황에도 그럭저럭 자라지만, 기질적으로 조금 어려움이 있는 아이는 문제로 발전하기 쉽다. 시간이 있다면 부모가 충분히 해결했을 만한 문제도 크게 키워서 진료실을 찾는 경우가 많다. 안타까운 일이다. 만약 훈육이 제대로 안 되고 아이의 문제 행동이 점차 심각해져 육아가 미궁으로 빠져드는 듯한 느낌이 든다면 부모는 결단해야 한다. 어떻게 아이를 위해 시간을 더 낼 수 있을지.

4
아이에게 가르쳐야 할 소중한 가치

요즘의 육아를 보면 중요한 것이 빠져 있다. 아이를 돌보는 것, 인지 발달을 위한 교육, 잘못된 행동을 훈육해 바로잡는 것. 이 정도면 할 일을 다한 것일까? 하지 말아야 할 일을 못하게 하는 교육은 중요하다. 하지만 더 중요한 교육은 해야 할 일을 하도록 가르치는 것이다. 더 중요하고 어려운 교육이다. 흔히 'don't'는 가르칠 만하지만 'do'를 가르치기란 쉽지 않다고 한다. 남의 물건을 훔치지 말라고 가르치는 것에 비해 다른 사람을 돕도록 이끄는 것은 훨씬 힘들다.

과거의 가정교육은 주로 가치관을 가르치는 것이었다. 부모는 자녀에게 한 인간으로 어떻게 살아야 하는지, 무엇을 중요하게 생각해야 하는지, 어떤 일은 하면 안 되는지 가르쳤다. 능력 있는 부모는 공부도 가르쳤지만, 일반적으로 공부보다 더 중요하게 여긴 것이 바로 가치관 교육이었다. 가문의 전통과 문화, 가족이 믿는 종교, 공동체에서 전해 내려오는 가치를 습득하는 것은 어린이의 삶에서 가장 중요한 부분이었다. 전통 사회가 해체되고, 공동체가 쪼개지고, 일터와 집이 멀리 떨어지면서 아이들은 부모의 가치관에서 좀 더 자유로워졌다.

부모 역시 아이를 교육기관에 데려다줄 뿐 직접 무언가를 가르쳐야 한다는 부담에서 벗어나게 되었다. 자신보다는 유치원이, 학교가, 학원이 교육 전문가일 거라 믿으며 뒤로 물러났다. 사실 교육 말고도 부모는 할 일이 많다. 요즘 부모들은 그저 아이의 문제 행동만 처리하고 숙제를 봐주는 것으로 자신의 역할을 한정한다. 직접 가르칠 때도 인지적 자극을 주는 활동에만 초점을 맞춘다. 자유주의의 영향으로 가치관 교육은 종교가 있는 가정에서만 이뤄진다.

부모들이 가치관 교육을 놓아버렸지만 아이들은 매 순간 다양한 가치관을 접하고 받아들이고 있다. 그 과정을 통해 삶에서 중요한 것이 무엇인지, 인간은 왜 살아야 하는지, 무엇이 옳고 그른지, 어디에 우선순위를 두어야 할지 배운다.

아이가 만나는 사람, 경험하는 사건, 사건의 전개 방향과 그에 대한 사람들의 반응 같은 삶의 여러 순간은 아이에게 가치관을 전달한다. 부모 역시 자신도 모르는 사이에 아이에게 가치관을 전달한다. 흔히 착각하곤 하는데, 부모의 생각이 아이에게 전달되는 것은 아니다. 부모의 삶의 방식, 매 순간의 선택과 반응이 아이에게 가치관으로 전달된다. 지금 우리는 부모로서 아이에게 무엇을 전달하고 있을까?

예를 들어 일해야 하는 시간이 많아 아이를 보기 어려운 아빠가 있다고 해보자. 아빠는 바쁘다 보니 아이와 제대로 교감을 나누지 못한다. 이 경우 아이는 아빠의 삶에서 뭔가를 배우기 어렵다. 배우기 위해서는 심리적으로 가까워야 하는데 너무 멀고, 아이의 일상에 들어와 있지 않으니 자극받을 수 없다. 하지만 아이가 크면 조금씩 영향을 받는다. 아이는 아빠를 관찰하고, 자신을 대하는 태도를 곱씹어본다. 다른 아빠와 비교하기도 하고, 엄마가 아빠에 대해 하는 이야기를 듣기도 한다.

그 결과 어떤 아이는 이런 생각을 갖는다. '세상에서 제일 중요한 것은 돈이야. 돈을 벌어야 하니 좋아하는 사람도 만날 시간이 없어.' 또는 '어른으로 사는 것은 힘든 거구나. 어른은 책임만 많고 너무 힘들어. 나는 어른이 되고 싶지 않아.' 하지만 다른 생각도 가능하다. 아버지가 아이를 가끔만 보지만 그때마다 정답게 대하고 아이와 한 약속은 꼭 지키려 한다면 이런 생각을 할 수도 있다. '책임감은 중요한 것이구나. 약속을 잘 지키면서 열심히 사는 모습은 멋있어.' 집안 분위기가 온화하고 아빠의 수고에 감사하는 주변 가족의 이야기를 많이 듣는다면 이렇게 생각할 수도 있다. '노력해야 더 좋은 것을 얻을 수 있어. 노력은 멋진 결과로 이어져.'

부모의 행동은 종합되어 아이에게 다가간다. 아이도 단순하지 않다. 단편적으로 판단하지 않는다. 전체로서 부모를 본다. 자기가 경험한 것뿐 아니라 주변 다른 사람의 해석에도 영향받는다. 다만 부모의 의도는 전달되지 않는다. 아이는 경험한 것만 느낀다. '내게 좋은 뜻이 있으니, 나는 기본적으로 선한 사람이니, 나는 아이를 깊이 사랑하니 아이가 알겠지'라고 생각해선 곤란하다. 아이가 부모인 나를 어떻게 느낄지 돌아봐야 한다. 아이의 경험 속에서 나는 어떤 존재인지 생각해야 한다. 이 부분이 가장 중요한 가치관 교육이다.

간디는 이런 말을 했다. "내 삶이 곧 내 메시지다." 가치관 교육에서 가장 중요한 부분은 부모의 삶을 통한 교육이다. 한참 전에 어른이 되었고, 부모까지 되었지만 우리는 별다른 생각 없이 살아가고 있을 수 있다. 이제라도 자기 삶의 가치관을 돌아보고 바로 세워야 한다. 그래야 아이를 제대로 책임질 수 있다. 부모가 특별한 방향도 없이 이리저리 흔들리는 배라면 아이도 가치관을 만들 수 없다. 가치관이 없는 아이는 도덕적 관점도 흔들린다. 그때그때 유리한 대로 선택하고 살아간다. 무엇이 중요한지 알지 못하기에 왜 살아야 하는지도 알지 못한다. 삶을 지탱하는 깊은 뿌리가 없고, 삶의 방향을 이끄는 나침반도 없다 보니 동기부여를 하기 어렵다. 잘나갈 때는 그럭저럭 해내지만, 삶이 어렵고 안 풀리면 무너지기 쉽다. 삶을 지탱하는 가치관은 어려운 순간에 우리를 붙잡아주는 힘이 된다.

많은 부모가 아이를 다 키우고 나서야 후회한다. 아이가 도대체 무슨 생각으로 사는지 모르겠다며. 능력이 좋고 잘나가는 아이도 마찬가지다. 남들이 부러워하는 아이로 키운 부모가 찾아와 아이가 꼭 괴물로 자란 것 같다며 속상해하는 소리를 여러 번 들었다. 부모가 아이에게 보여주지 못한 것이다. 왜 살아야 하는지, 무엇이 중요한지 부모의 삶을 통해 보여주지 못한 것이다. 가끔 말로는 가르쳤겠지만 아이는 말은 받아들이지 않는다. 그 말을 하는 부모가 어떻게 살아가는지, 그 삶을 보고 배운다. 아이 덕분에 조금 더 성숙한 사람으로 살아가려 하는 것, 더 나은 가치관을 갖추려 노력하는 것. 어찌 보면 무거운 과제고, 어찌 보면 뒤늦게 주어진 또 한 번의 성장할 기회다.

어떤 가치관이 좋은지 이 책에서 다룰 수는 없다. 사람마다 소중하게 생각하는 부분이 다르기 때문이다. 종교도 다르고, 살아온 배경도 다르다. 타인에게 해를 끼치지 않는 한 모든 가치관이 나름대로 의미 있고 소중하다.

다만, 여기서는 모든 아이에게 가르치면 좋을 몇 가지 가치에 대해 언급하려고 한다. 세 돌은 가치관 교육을 시작할 나이다. 본격적인 교육은 논리적 추론과 언어가 충분히 발달하는 초등학생 때 이뤄지겠지만 삶의 태도에 대한 교육은 더 어릴 때부터 기초를 닦아야 한다.

스스로 책임지는 아이

자신에게 주어진 일에 최선을 다하고, 다른 사람과의 약속을 어기지 않는 것. 책임감의 정의다. 책임감이 있는 사람은 어떤 일이든 스스로 생각해 선택하고, 그 일에 대해서는 책임을 진다. 아이가 자신의 삶에서 이런 태도를 유지한다면 부모로서는 걱정할 일이 없다. 자신의 능력에 따라 높은 성취를 이룰 수도 있고, 그렇지 못할 수도 있지만 부끄러운 인생은 살지 않는다. 남에게 큰 피해를 주지 않을 것이고 스스로 만족하는 삶을 살 가능성이 높다. 그 정도면 좋은 삶이다.

그렇다면 책임감 있는 아이로 키우기 위해 부모는 어떤 노력을 할 수 있을까? 흔히 하는 착각이 말 잘 듣는 아이를 책임감이 강하다고 생각하는 것이다. 부모가 시키는 것, 선생님이 시키는 것을 열심히 하면 책임감이 강한 것일까? 물론 어른의 지시를 따르는 것이 옳다고 스스로 판단해서 지킨다면 책임감이 강하다고 볼 수 있다. 하지만 어른의 말이 그저 무서워 따르는 것이라면 책임감이 강하다고 보기는 어렵다. 자기 삶을 스스로 책임지지 않고 어른의 판단에 맡기는 셈이다.

책임은 자유와 짝을 이룬다. 스스로 자유롭게 선택했다면 결과에 책임져야 한다. 자유를 주지 않는다면 책임을 요구할 수 없다. 시키는 일을 억지로 하게 하고 결과를 책임지라는 것은 부당하다. 책임감이 없는 사람은 자유는 원하지만, 결과는 책임지고 싶어 하지 않는다. 책임지고 싶지 않아 아예 자유를 포기하는 사람도 책임감이 부족한 사람이다. 부모는 아이가 어릴수록 자유를 주지 않는다. 매사 챙기고, 보호하고, 선택권은 거의 주지 않는다. 이런 아이에게 자신이 한 행동의 책임을 요구할 수는 없다.

아이는 자라면서 점점 자신이 바라는 대로 하고 싶어 한다. 고집도 부리고 떼도 쓴다. 부모가 금지한 일을 몰래 저지르기도 한다. 아이 스스로 책임질 일도 하나둘 생기기 시작한다. 이 무렵의 아이를 대하는 부모의 태도는 몇 가지로 나눠볼 수 있다. 독재자처럼 아이의 자유를 인정하지 않고 끌고만 가는 부모, 뭐든 아이가 바라는 대로 끌려가는 부모, 적절한 권위를 갖고 자유와 책임에 대해 아이와 계속 이야기하는 부모다.

아이에게 어느 정도 자유를 주는 것이 옳을까? 자유가 주어졌을 때 벌어질 수 있는 결과를 아이가 책임질 수 없다면 그런 자유는 주지 않아야 한다. 다섯 살 아이가 저녁에 놀이터에 혼자 나가고 싶다고 하면 허락할 수는 없다. 하지만 밥 먹기 전에 사탕을 하나 먹겠다고 하면 그 정도는 허락할 수 있다. 다만 사탕을 먹고 나서 주어진 밥은 다 먹어야 한다. 만약 다 먹지 못한다면 앞으로는 사탕을 식사 전에 먹을 수 없다는 사실을 받아들여야 한다. 아이에게 선택권을 주고 그에 따른 결과를 책임지도록 하는 것. 아이의 책임감을 키워주는 가장 중요한 교육법이다. 이를 위해 부모는 결과를 아이가 정말 책임질 수 있을지 깊이 고민해서 선택의 자유를 줘야 한다. 아이가 바로 나쁜 결과를 맞을 수 있다면, 또 나쁜 결과가 그리 심각하지 않다면 부모는 쉽게 결정할 수 있다. 해보게 하면 된다. 그러나 나쁜 결과가 한참 뒤에야 나오지만, 그 결과가 심각하고 돌이킬 수 없다면 아이에게 선택권을 주어선 곤란하다.

결국 여기에는 부모의 가치관이 개입된다. 어떤 부모는 아이가 김치를 먹지 않겠다고 하면 무조건 먹도록 유도한다. 채소를 먹여야 한다는 생각 때문일 수도 있고, 급식 시간에 힘들어질 일을 미연에 방지하기 위해서일 수도 있다. 선택의 자유는 인정하지 않는다. 반면 다른 부모는 그 정도 선택의 자유는 준다. 채소는 다른 방식으로 먹으면 그만이고, 김치가 꼭 먹어야 하는 음식은 아니라고 생각하는 것이다. 이처럼 정답은 없지만 부모는 계속해서 아이에게 선택권을 줄지, 그래서는 안 될지 고민해야 한다. 그렇게 선택권을 주기로 했다면 아이가 그 결과를 책임질 수 있게 도와야 한다. 물론 부모가 잘못 판단해 아이에게 선택권을 준 것이라면 부모도 같이 책임져야 한다.

아이가 세 돌이 되면 스스로 할 수 있는 일은 자신이 하도록 해야 한다. 예를 들어 장난감 치우는 일에 동참해야 한다. 세 돌이라면 아이 혼자 자신이 갖고 놀았던 장난감을 다 치우기는 어렵다. 아마 다섯 돌이라면 할 수 있겠지만 세 돌에는 부모가 돕되 아이가 반드시 참여하도록 해야 한다. 아이랑 같이하면 더 힘드니 그냥 나 혼자 하고 만다는 태도는 좋지 않다.

다섯 돌쯤 되면 아이에게 맞는 집안일을 하도록 해야 한다. 집안일은 모든 가족이 참여해야 한다. 예를 들어 아이와 재활용 쓰레기를 버리러 같이 간다면 아이가 금속 캔이 든 봉지 정도는 들어야 한다. 아빠가 빨래를 갤 때 옆에 앉아 양말 제짝을 찾아주는 역할을 시켜도 좋다. 가끔 생각날 때 이것저것 시키지 말고 늘 같은 역할을 주는 편이 좋다. 아이가 더 크면 좀 더 그럴듯한 역할을 준다. 자신의 역할이 있고, 자신도 한몫을 한다는 느낌이 들도록 돕는 것은 아이의 책임감을 키울 뿐 아니라 자존감을 높이는 데도 중요한 역할을 한다.

부모가 스스로 주어진 책임을 다하는 모습을 보여주는 것도 중요하다. 그리고 이에 대해 아이에게도 말해야 한다. "오늘 저녁을 맛있게 만드는 것은 아빠의 책임이야. 오늘 맛있었어? 아빠는 아빠 책임을 다해서 기뻐." 이런 대화를 통해 아이에게 책임을 다하는 부모의 모습을 보여주고 책임감이 행복을 느끼게 한다는 것을 깨닫게 해줘야 한다. 마찬가지로 아이가 자기 책임을 다하는 모습을 보여줄 때는 반드시 콕 짚어 칭찬해줘야 한다. 엄마 일을 돕거나, 장난감을 깨끗이 정리하거나, 자기가 먹은 과자의 봉지를 쓰레기통에 버린다면 그냥 넘어가지 말자. "정말 멋지네. 자기가 먹은 것은 자기가 치우고. 그렇게 자기 책임을 다하는 아들이 엄마는 너무 멋있어." 적절한 칭찬은 아이의 긍정적 행동을 늘리는 좋은 디딤돌이다.

감사하는 아이

인간은 혼자 사는 존재가 아니다. 타인과 함께 살아야 하고 그 과정에서 끊임없이 마음의 상처를 입는다. 남이 자기가 바라는 대로 움직이지 않고, 자기가 생각하는 만큼 남이 자신을 생각해주지 않는다. 자신의 기대는 채워지지 않고, 마음은 이해받지 못한다. 뒤집어보면 자신 역시 타인에게 그럴 것이다. 작은 상처는 지속되더라도 우리는 사람들과 더불어 살아가야 한다.

인간관계에서 나쁜 쪽만 생각한다면 타인과 함께하는 것이 점점 어려워진다. 도망가고 싶고 피하고 싶다. 그렇게 피한다면 상처는 덜 받을 수 있을지 몰라도 행복도 느낄 수 없다. 좋지 않은 것을 피하기 위해 좋은 것도 모두 포기해야 한다면 인생은 그저 최악을 피하려고 겨우겨우 살아내는 시간이 되고 만다.

인생에는 나쁜 순간이 있지만 좋은 순간도 있고, 상처받을 때도 있지만 행복할 때도 있다. 우리는 나쁜 순간보다 좋은 순간에 초점을 맞추어야 한다. 그래야 행복을 느끼기 쉽고, 힘든 순간을 벗어나기도 쉽다. 새롭게 도전하고 더 많은 기회를 얻을 수 있다. 긍정적인 태도는 성공적인 삶, 행복한 삶을 살아가는 데 큰 도움이 된다.

긍정적인 태도를 기르는 데 도움이 되는 방법은 아이에게 어린 시절부터 감사하는 마음을 심어주는 것이다. 좋은 일은 그냥 생기지 않는다. 좋은 행동 덕분에 생긴다. 우리가 누군가의 좋은 행동에 감사를 표시하면 그 사람은 자신이 한 좋은 행동을 한 번 더 생각하게 된다. 좋은 행동이 강화되어 다시 나타나기 쉽다. 아이가 부모를 돕는 행동을 하면 꼭 감사를 표현한다. 식구끼리 그냥 넘어갈 수도 있지만 가볍게 고맙다는 말을 붙인다. 그러면 아이가 다시 좋은 행동을 할 가능성이 커진다.

이것이 다가 아니다. 아이는 감사하는 부모를 보고 배운다. 사람의 좋은 면을 보는 모습, 긍정적으로 타인을 대하는 모습을 보고 배운다. 아이 역시 감사를 표현하는 사람으로 자랄 수 있다. 다른 사람의 긍정적인 면을 보는 사람으로 성장할 수 있다. 인간관계의 부정적인 경험보다는 긍정적인 경험에 초점을 맞추는 사람이 될 수 있다.

아이와 세상일에 관해 이야기할 때도 긍정적인 면에 초점을 맞추는 것이 좋다. 예를 들어 교통사고에 관해 이야기할 때 사고 낸 사람이 얼마나 나쁜지 이야기할 수 있다. 저렇게 운전하니 저런 사고를 내는 거라고 욕하고, 저런 놈은 감옥에서 오래 썩어야 한다고 흥분해서 말할 수 있다. 하지만 이런 말도 괜찮다. 사고를 냈을 때 빨리 처리하러 온 교통경찰, 도와주는 사람들의 모습을 이야기할 수도 있다. 구급차가 얼른 와서, 또 다들 구급차가 지나가게 비켜줘서 고맙다고 말할 수 있다. 규칙을 어긴 운전자 때문에 이런 일이 벌어졌지만, 상황이 더 나빠지지 않게 돕는 사람도 있다는 것을 아이에게 말해주자.

비난 일색으로 말하기보다 고마움을 표현할 때 아이는 세상을 좀 더 균형 잡힌 시선으로 볼 수 있다. 불안에 시달리지 않고 조금 안심할 수 있다. 세상에 대한 긍정적인 태도를 유지할 수 있다.

종교가 있거나 없거나 식사하기 전에 짧게 기도하는 것도 도움이 된다. 밥이 이 자리에 오기까지 수고한 모든 사람에게 감사한 마음을 표시한다. 택배를 받더라도 택배 노동자에게 감사하는 마음을 표현한다. 세상 사람들이 모두 서로 도와 이렇게 평화로운 삶을 살 수 있다고 말해줘야 한다. 삶에 대한 안정감뿐만 아니라 아이 역시 자신도 세상의 일부로 책임감 있게 살아가겠다는 마음을 심어준다.

만약 종교가 있다면 잠들기 전에 함께 기도하는 것도 좋다. 오늘 하루 감사한 일을 나열하고, 마지막으로 무사히 지낼 수 있게 해주어 감사하다고 기도하자. 아이에게도 "오늘 하루 잘 지낼 수 있어 감사합니다"라고 한마디 보태게 하자. 만약 낮에 안 좋은 일이 있었다면 그 일을 꺼내는 것도 좋다. 오늘 이런저런 안 좋은 일이 있었지만, 내일은 안 그러도록 노력하겠다는 마음을 먹을 수 있게 도와주어 감사하다고 기도하자. 덕분에 편한 마음으로 잘 수 있게 되었다고, 마음을 어루만져주어 감사하다고 기도해보자. 아이의 잘못을 한 번 더 야단치는 것보다 훨씬 효과가 있다. 아이 마음도 편해진다.

감사하는 말은 긍정적인 마음에 빛을 비춘다. 상처를 덧내지 않고 따뜻하게 덮어준다. 좀 더 나은 행동을 하고 싶은 마음을 만들어준다. 감사하는 마음을 지닌 아이는 세상에 긍정적인 태도를 보인다. 호의적으로 사람을 대한다. 적보다 친구를 만든다. 무엇보다 삶의 의미를 느끼기 쉽다. 지금 내 앞에 있는 작은 아이는 곧 자랄 것이다. 사춘기를 맞고 청년이 될 것이다. 세상을 왜 살아야 하는지 묻고, 삶이 자신에게 무엇을 줄 수 있을지 따질 것이다.

감사하는 마음을 가진 아이라면 그런 질문에 쉽게 답할 수 있다. 자신은 많은 사람의 도움으로 지금 존재하고 있다. 자신 역시 타인의 행복을 위해 역할을 다해야 한다. 남이 소중히 여겨주는 자신을 사랑하고, 자신을 위해 애써주는 세상 사람들을 위해야 한다고 생각한다. 회의에 빠지지 않고 안정감 있게 삶을 이어나간다. 지금 이 순간 아이와 나누는 가벼운 감사의 표현이 아이가 안정적인 삶을 살도록 만들 수 있다. 부모가 꾸준히 실천한다면 아이에게 좋은 영향을 줄 것이다.

조절하는 힘을 가진 아이

부모들은 아이가 자신의 감정과 충동을 조절할 수 있기를 바란다. 주의를 기울여야 할 때 제대로 주의를 기울일 수 있고, 멈춰야 할 때 멈출 줄 아는 아이를 키우고 있다면 부모는 힘들 일이 없다. 자기를 조절하는 능력은 아이들의 대인관계에 지대한 영향을 미친다. 남의 이야기를 주의 깊게 듣고, 자신의 욕구에 지나치게 매달리지 않고 기다릴 수 있어야 또래와의 관계를 잘 유지할 수 있다. 다른 사람이 자기 마음처럼 움직일 수는 없기에 인간관계는 불편한 감정을 만들어낸다. 이런 감정을 잘 처리하지 못하면 관계는 삐걱댄다. 공부는 더 말할 것이 없다. 당장 다른 것을 하고 싶은 마음을 참아야 하고, 지금 해야 할 일에 주의를 기울여야 한다. 불편한 감정이 들끓으면 우리의 주의는 감정으로 향한다. 감정을 잘 조절해야 학습에 에너지를 쏟을 수 있다.

자기 조절 능력 향상은 가치관 교육과는 다르며, 두뇌 기능과 관련이 있다. 어떤 아이는 조금 유리하게 태어나고, 어떤 아이는 약하게 태어난다. 어느 쪽이든 만 3세가 되기 전에는 내면을 조절하는 기능이 아직 형성되지 않는다. 두뇌에서 조절력을 담당하는 전두엽 영역은 발달이 더디다. 세 돌이 지나서야 전두엽은 연결을 늘리고 각각의 연결은 정교해진다. 아이는 이때부터 자신의 마음을 조금이나마 들여다볼 수 있고, 들여다본 것을 말로 표현할 수 있다. 자신의 마음에 말을 걸어 다독이는 능력이 자란다. 상상을 통해 마음을 바꾸는 기술도 만들어낸다. 세 돌에서 다섯 돌까지 이전에는 없던 여러 능력이 생기며 아이의 조절력이 조금씩 자란다. 어떤 아이는 조금 빨리 자라고 어떤 아이는 조금 늦다. 물론 다섯 돌이 되어도 대부분의 아이들은 여전히 미숙하다.

아이마다 발달 속도도 다르고, 최종적인 발달 수준도 차이가 나지만 모든 아이는 발달한다. 세 돌보다는 네 돌 무렵이 낫고, 네 돌보다는 다섯 돌 때가 낫다. 이 과정에서 부모가 아이를 대하는 태도도 상당한 영향을 미친다. 가장 중요한 것은 안정적인 환경이다. 이 시기에 스트레스가 높으면 아이는 스트레스를 처리하는 데 에너지를 쏟게 되어 조절력 발달이 더뎌진다. 생존을 위해 높은 긴장을 유지해야 한다면 조절은 불가능하다. 늘 경계하고 위험에 대비해야 한다. 아이가 언제 예기치 못한 일이 생길지 모른다고 느낄 때도 마찬가지다. 정서적으로 불편한 상황이라면 역시 아이의 조절력 발달이 늦어진다. 부모와의 관계가 나쁘거나, 아이에게 지나친 압박이 주어지는 상황이라면 아이는 조절력을 키울 여유가 없다.

진료실에서 부모들에게 아이가 나중에 공부를 잘하기를 바란다면 지금 해야 할 일은 아이에게 정서적인 안정을 주는 것이라는 말을 자주 한다. 우선 마음이 안정된 다음 좋은 태도를 몸에 익히고, 그 후에 지식을 쌓아가야 한다. 거꾸로 하면 어렵다. 지식을 쌓기 위해 나쁜 태도를 익히고, 정서적으로 흔들리는 아이로 만든다면 그 공부는 모래 위에 쌓은 성일 수 있다. 한순간에 무너질 수 있다. 겉보기에는 그럴

듯하지만 쉽게 흔들리는 쓸모없는 것일 수 있다.

부모가 아이와 좋은 관계를 맺고, 아이의 상태를 정서적으로 밝고 안정되도록 만드는 것이 가장 중요하지만, 여기에 더해 이런 노력을 하면 도움이 된다.

첫째, 혼잣말하기self-talk를 가르치면 좋다. 혼잣말은 자신에게 말하는 것이다. 어른이 되면 속으로 말하는 것이 어렵지 않지만 아이들에게는 아직 어렵다. 사실 어른도 소리 내 말하거나 글로 표현하면 속으로 생각하는 것보다 실천에 유리하다. 혼잣말할 때 우리는 생각하고, 생각한 것을 말하고, 말한 것을 귀로 듣고, 들은 것을 다시 생각한다. 이 과정에서 반복이 이뤄지기에 더 확실하게 각인된다. 아이들은 언어가 취약해서 생각한 것을 쉽게 놓친다. 아이들의 생각은 단단하지 않고 연결이 느슨하다. 이런 생각을 말로 표현하면 정확하고 단단해진다. 붙잡기가 좋다.

그중 하나가 할 일을 말로 표현하는 것이다. "난 이제부터 레고를 만들 거야. 레고로 자동차를 만들고, 학교도 만들고, 그다음에 아이들을 자동차에 태워서 학교에 갈 거야." 이렇게 말하면 좀 더 긴 시간 동안 자신의 일에 주의를 유지할 수 있다. 부모는 같이 놀면서 아이의 말을 반복해준다. "레고로 자동차를 만들고, 학교도 만들고, 그다음에 아이들을 태워 학교로 보낼 거지?" 이런 방법이 아이의 주의력을 조금 더 길게 유지시킨다.

아이가 놀이하면서도 계속 말하도록 격려한다. "지금은 자동차를 만들고 있어. 바퀴를 달고 이제 또 뒷바퀴도 달아야 하는데 어디 있지?" 아이는 말하는 동안은 자신이 하는 행위에 집중하게 된다. 중간에 갑자기 다른 행동을 하거나 감정적으로 흥분할 확률이 줄어든다. 아이들은 어색해서 처음에는 이런 방식으로 말하지 못한다. 부모가 먼저 모델이 되어 말해주면 아이도 배울 수 있다.

만약 자신이 말한 것을 자꾸 잊어버리는 아이라면 카드를 활용해 기억을 지속하도록 도와주면 좋다. 자동차와 학교 카드를 옆에 세워두면 아이가 기억을 유지하는 데 도움이 된다. 처음 하려고 한 행위에 주의를 더 기울일 수 있다. 주의를 기울여 의도한 대로 해내면 이에 대해 다시 말해주면서 잘했다고 칭찬한다. 아무것도 아닌 듯하지만 아이의 주의력을 조금씩 늘리는 방법이다.

둘째, 혼잣말의 다른 형태로 자신에게 필요한 것을 소리 내 말하기가 있다. 예를 들어 "자, 집중해야지. 집중" 하는 식으로 자기에게 말하는 것이다. 주변이 시끄러워서 아이의 주의가 흐트러지면 그때 이런 말이 도움이 된다고 알려준다. 아이는 주변에서 시끄러운 소리가 나면 집중하지 못하고 그러면 곧 짜증을 낸다. 짜증이 날 만도 하다고 인정해주면서 그럴 때 이런 말을 하면 조금은 도움이 된다고 알려준다. 짜증 내고 화내는 것보다 수준 높은 대처법이다.

이런 말에는 여러 가지가 있다. 예를 들어 공부할 때는 "모르는 것을 풀면 기분이 제일 좋아" "끝까지 하고 다른 것 해야지" 같은 말이 도움이 된다. 친구와의 놀이에 대해서는 "같이 재밌어야 최고지" "서로 번갈아서 이겨야 더 오래 놀 수 있어" 같은 말을 할 수 있다. 아이의 입말에 맞게 얼마든지 만들 수 있다. 짧고 간단하게 자기 내면을 다독이는 주문을 만들어주자. 물론 강요하는 느낌이 들게 가르치면 효과가 없다. 아이는 강요하는 느낌이 드는 말은 쓰고 싶어 하지 않는다.

가장 좋은 접근법은 평소에 부모가 이런 혼잣말을 사용하는 것을 먼저 보여주는 것이다. 운동하면서 "힘들 때 한 번 더! 그럼 엄청 건강해진다" 하고 외치거나 기분이 안 좋을 때 "괜찮아. 나쁜 기분은 지나갈 거야. 나는 괜찮은 엄마니까"라고 말하는 모습을 반복해서 보여준다. 부모가 혼잣말이나 자기 주문의 도움을 받는다는 것을 보여주면 아이도 흥미를 느끼고 따라 하고 싶어 한다. 그때 같이 만들면 좋다. 아이에게 말해주고 아이 입말에 맞게 수정해보자. 그런 다음 반복해 사용하도록 격려한다. 사용에 성공했을 때 부모에게 말해달라고 한 후 간단한 보상을 해주자. 습관으로 만드는 데 상당한 도움이 된다. 구호처럼 붙여두는 것도 효과적이다. 아이가 글자를 읽을 수는 없지만 예쁜 글씨로 써두면 아이는 그 글자 모양을 통째로 외워서 써먹곤 한다. 시각적 단서는 기억을 단단하게 한다. 자주 써먹도록 하는 데 도움이 된다.

셋째, 멈추고, 생각하고, 선택하기를 함께 연습해보자. 사람은 행동의 대부분을 의식하지 않은 채 한다. 직장에서 집까지 운전하고 왔는데도 특별한 이벤트가 없으면 운전 중에 있던 일을 기억하지 못한다. 걸으면서 여러 장애물을 피해 가지만 기억하지 못한다. 본능적으로 피할 뿐 생각하지 않는다. 우리는 자신이 지금 이 순간 어떤 행동을 하고 있는지, 어떤 생각을 하고 있는지, 어떤 감정을 느끼고 있는지 살펴보지 않는다. 반사적으로 몸만 움직인다. 뭔가 문제가 생겨야 비로소 돌아본다. 어른인 우리도 그런데 아이는 말할 것도 없다. 그저 아무 생각 없이 움직인다.

아이가 이해할 수 없는 행동을 하면 "잠깐, 멈춰" 하고 외쳐본다. '얼음 땡' 놀이를 가르친 후 "얼음"이라고 말해도 좋다. 그리고 조금 전 무슨 행동을 하고 있었는지 깨닫게 한다. 소파 위에 올라가서 뛰고 있다면 그 행동을 한다는 것을 스스로 인지하게 한다. 아이는 소파에서 뛰는 순간에도 자신이 뛴다는 것을 의식하지 못할 수 있다. 산만하고 충동적인 아이라면 더욱 그렇다. 행동하지만 생각하지는 않는다. 그런 다음 소파에서 왜 뛰었는지도 생각해보게 한다. 심심해서, 몸을 움직이고 싶어서, 답답해서, 뛰면서 생각하면 아이디어가 잘 떠오르니까 등등 이유를 말할 수 있다. 아이가 이유를 대지 못하면 부모가 가능한 이유를 대준다. 그래서 이유를 생각하게 한다. 그렇게 멈춰서 생각하는 것만으로도 큰 의미가 있다.

물론 이유를 알게 되면 대안적 행동도 생각해볼 수 있다. 심심해서 뛰었다면 심심할 때 할 수 있는 여러 가지 일을 생각할 수 있고, 몸이 답답했다면 다른 운동을 떠올릴 수 있다. 떠올렸다면 그중 무엇을 하면 좋을지 선택하게 한다. 이

것이 멈추고, 생각하고, 선택하기의 과정이다. 아이가 문제 행동을 할 때마다 이런 과정을 밟을 수는 없다. 하지만 야단만 치기보다 이 과정을 거치면 아이가 자기를 조절하는 힘을 키우는 데 도움이 된다.

앞서도 말했지만 훈육은 야단치는 것이 아니다. 가르치는 것이다. 가르치기 위해서는 대안을 제시해야 하고 새로운 기술을 훈련해야 한다. 물론 가르침은 어렵고 야단치기는 쉽다. 효과가 없다는 것을 알면서도 부모는 오늘도 야단을 친다. 뭐라도 해야겠는데 힘든 것까지는 하고 싶지 않아서다. 물론 몰라서 못하는 경우도 있다. 좋은 방법만 안다면 기꺼이 실천할 의지가 있는 훌륭한 부모도 많다.

아이에게 조절력을 키워주는 방법은 여기에서 제시한 세 가지 외에도 많다. 다만 이 모든 방법은 꾸준히 할 때 효과가 있다. 한 번 하고 말아서는 어떤 변화도 이루어내지 못한다. 아이를 가르친다는 것은 새로운 신경망을 만들어주는 것이다. 반복해서 훈련해야만, 그것도 즐겁게 훈련해야만 새로운 신경 연결이 만들어진다. 자기 감정과 행동을 조절하는 기술은 익히기 쉽지 않지만 한번 익숙해지면 평생 사용할 수 있는 쓸모 있는 기술이다. 삶의 기초가 되는 능력이다.

아이를 키우는 과정은 고되다. 힘든 순간도 많다. 부모가 할 일은 끝이 없다. 하지만 아이를 키우는 순간은 더없는 사랑의 순간이다. 부담에 지쳐 이것이 과연 사랑일까 싶을 때도 있지만 지나고 보면 안다. 아이가 어린 시절, 그때만큼 자신이 어떤 생명체를 사랑한 순간은 없었다는 것을 안다.

이 책에 세 돌부터 다섯 돌까지의 아이를 더 깊이 사랑하는 방법을 담으려 했다. 부모 마음의 불안을 다루고, 아이와 함께 즐거운 시간을 보내고, 아이의 문제 행동을 고쳐주는 방법을 이야기했다. 아이에게 전달해야 할 소중한 가치에 대해서도 조금 다루었다. 다만, 이 책에 담은 많은 내용이 부모에게 부담을 준다면 잊어도 좋다.

이 책이 꼭 전하고 싶은 말은 사랑이다. 우리는 앞에 놓인 아이를 사랑하면 된다. 제대로 사랑하기 위해 아이를 이해하려 하고, 더 나은 방법을 찾을 뿐이다. 아이를 이해하고, 좋은 방법을 알 때 더 잘 사랑할 수 있다. 하지만 이해와 방법을 찾고 고민하다 사랑을 잃어버리면 곤란하다. 사랑의 마음을 지켜가는 것이 우선이다.

삶이 어렵다 보면 사랑을 잊기 쉽다. 육아만 쉽지 않은 것이 아니다. 사랑도 쉽지 않다. 사랑해본 사람은 안다. 대충하려다 사랑이 식고, 사랑이란 이름으로 상처를 주고받는다. 부모 마음에서 사랑이 힘을 잃으면 아이는 불안하고 부모는 괴롭다. 그럴 때면 얼른 사랑으로 돌아와야 한다. 세 돌에서 다섯 돌. 이제 막 자신의 삶을 시작하며 삶의 기초가 되는 능력을 만들어가는 시기다. 이 책이 아이를 사랑하려는 부모의 마음에 부담이 아닌 도움이 되길 바란다. 더 쉽게, 더 깊게 사랑하는 데 도움이 되길 바란다.

영유아를 키우는 부모에게 전반적인 육아 방향을 제시하는 책

《아이와 함께 자라는 부모》
서천석

《우리 아이 괜찮아요》
서천석

《아이를 잘 키운다는 것》
노경선

《부모와 아이 사이》
하임 G. 기너트 · 앨리스 기너트 · 월러스 고더드, 신홍민 옮김

《미리 배우지 않아도 좋아요》
데이비드 엘킨드, 이지연 옮김

《육아가 두려운 엄마들에게》
도널드 위니코트, 김건종 옮김

훈육에 대한 책

《긍정의 훈육》
제인 넬슨 · 셰릴 어윈 · 로즐린 앤 더피, 조고은 옮김

《마음으로 훈육하라》
샤우나 샤피로 · 크리스 화이트, 김경영 옮김

《아이의 떼 거부 고집을 다루다》
정유진

아이와의 놀이를 구체적으로 돕는 책

《그림책으로 읽는 아이들 마음》
서천석

《감각 통합 놀이》
석경아 · 변미선 · 강은선

《집에서 하는 몬테소리 놀이 150》
실비 데스클레브 · 노에미 데스클레브, 안광순 옮김

《말문이 터지는 언어놀이》
김지호

《장난감이 필요 없는 아이 주도 오감놀이백과》
강윤경 · 김원철

《아빠 놀이 백과사전》
조준휴 · 장기도

《하루 10분, 엄마놀이》
이임숙

《세상에서 제일 행복한 엄마표 실내 놀이》
이미라